MUJER FUERTE, LIDERAZGO SUAVE

*El liderazgo suave
de la influencia*

Adriana Calabria

Editado por: **Ofelia Pérez**
OfeliaPerez.com

Diseño de portada e interior:
IMPAKTA Agencia Digital

Mujer fuerte
El liderazgo suave de la influencia
©2025 por Adriana Calabria
Adriana Calabria Publishing

ISBN: 979-8-9899399-2-3
Impreso en los Estados Unidos de América

DEDICATORIA

Damaris y Daniela, mis hijas queridas, dedico este libro a ustedes. Es mi deseo que sean esas líderes fuertes y valientes que este mundo necesita. Así las enseñé siempre. Las amo.

RECONOCIMIENTOS

Siendo este mi cuarto libro no puedo menos que decir: "Oh, Señor, ¡cuán lejos hemos llegado desde el día que comencé a escribir!".

A mi amado Dios y Padre Celestial, Jesucristo y mi Gran Consejero e Inspirador el Espíritu Santo. Tantas madrugadas donde me despertaba con un título en mente, y pude plasmarlo en este libro.

A mi esposo, incondicional en cada una de mis obras literarias y en la realización de los vídeos tan profesionales que me permiten trascender y ser conocida. (www.AdrianaCalabria.com)

A nuestra familia, quienes traen mucha vida a nuestra casa, y tiempos imborrables junto a nuestra descendencia. Ya son cinco nietos que llenan nuestro hogar con sus voces, juegos y travesuras.

A cada una de las mujeres que me han permitido ministrar sus vidas e influenciarlas con mis mensajes y mis libros, deseo que este sea el más revelador para ustedes. Sé que así será, léanlo hasta el final.

A mi familia espiritual que se extiende más allá de las fronteras de este país, los Estados Unidos: apóstoles, pastores, líderes y servidores de todas las naciones que he podido visitar.

A las intercesoras que fielmente oran las veinticuatro horas y se acuerdan de arroparme espiritualmente. Mil,

mil gracias.

A mi editora favorita, Ofelia Pérez, tan valiosa para mí. ¡Qué gran idea me dio sobre el tema de este libro, donde pude desarrollar temas que no se han escrito todavía! Eso es originalidad, y de corazón se lo agradezco, no quedará usted sin recompensa.

Y a ti, hermosa mujer que tienes en tus manos un material transformador para tu vida y tu futuro, declaro lo mejor del cielo sobre tu vida, y que el Señor te brinde sus mejores dones, a medida que pase el tiempo. Extraordinario.

SOBRE EL LIBRO "MUJER FUERTE, LIDERAZGO SUAVE"

La mayoría de las mujeres no se ven a sí mismas como mujeres influyentes, porque muchas de ellas renunciaron antes de comenzar.

Este libro, desde lo cautivante de su título, Mujer fuerte, liderazgo suave, te llevará a la madurez, entrenando tu mente en cada página para que ante cada circunstancia de la vida tomes las mejores decisiones. Te llevará a ser una mujer de voluntad firme. Te ayudará a ser esa mujer influyente que nutre las relaciones con las personas a su alrededor.

Cada página te dará un arsenal de herramientas para usar en el rol del liderazgo que Dios nos ha llamado a tomar y de esa forma manifestar el hermoso privilegio de influir en la vida de alguien más.

La gracia depositada en su autora para escribir cada palabra, y en esencia hacer de la mujer un regalo al mundo.

Profeta y Pastora Elisabeth Alonso

Iglesia Fundación Fuente de Vida

San Martín, Mendoza, Argentina

Miles de mujeres no se habrán dado cuenta de quiénes son ni de quiénes pueden llegar a ser, hasta que lean este libro único, Mujer fuerte, liderazgo suave. De manera muy acertada, la doctora Adriana Calabria se tomó la iniciativa de revelar cuál es la habilidad innata de la mujer para asumir el liderato: su capacidad de influencia, a veces disimulada, otras veces obvia, pero irresistible, poniendo a cualquiera en un lugar de "imposible decirle que no". ¿Recuerdan a Abigail? ¿Y a Ester?

La doctora Calabria se sustenta en las mujeres bíblicas con cuya sutil influencia resolvieron conflictos serios. Luego hace un recuento de las cualidades que hacen influyentes a las mujeres y las invita a desarrollarlas para ocupar su lugar en el liderazgo.

En más de veinte años editando libros, no había editado ni leído un libro que definiera y enfrentara el liderazgo suave de la influencia, inherente como poder femenino. Gracias, Apóstol Adriana, por esta gran contribución.

Pastora Ofelia Pérez, AWA

Coach Certificada de Autores

Editora internacional

ÍNDICE

PRÓLOGO

Yo soy uno de los profetas actuales que ha estado profetizando de parte de Dios en los últimos años acerca de un poderoso levantamiento de la mujer en el Reino de Dios y en nuestra sociedad. Esto definitivamente es innegable e impostergable. Dios tiene en Su Plan perfecto el levantar a la mujer en medio de los pueblos, empoderarla y posicionarla en áreas de dominio en todas nuestras naciones, para bien de sus familias.

Dios nos anuncia dentro de Su Plan estratégico para los últimos tiempos, el colocar a la mujer en las diversas esferas del quehacer humano, pero también nos indica que es necesario que para alcanzar esas posiciones de vanguardia, la mujer debe prepararse bien para cumplir su asignación de una manera positiva, poderosa y memorable.

El valioso libro de la Dra. Adriana Calabria, titulado *"Mujer fuerte, liderazgo suave"*, nos llega en una hora crucial como anillo al dedo. Este es y será un material invaluable de enseñanza en el cual se le dan principios bíblicos a la mujer de cómo ser destacada y predominante bajo las directrices divinas de la fe, del amor, del respeto, de la sujeción y de la obediencia.

Definitivamente este es un verdadero compendio del comportamiento femenino que les dará a muchas mujeres y a sus familias la enorme oportunidad de ser capacitadas en un altísimo nivel para influir de manera positiva y trascendente en nuestras sociedades modernas.

15

Como un Maestro de la Palabra dedicado por muchos años a capacitar líderes, yo recomiendo su lectura y su estudio, y también, para que se tenga como un manual de consulta entre los líderes de nuestras congregaciones y empresas.

Muchas personas lo disfrutarán; otras serán edificadas y, sobre todo, muchas mujeres serán empoderadas para llegar a ser de una enorme, positiva y bíblica influencia en nuestras naciones.

Felicitaciones, estimada sierva del Señor, por escribirnos tan preciado y edificante material.

Apóstol y Profeta Rony Chaves

Presidente y fundador del Ministerio Avance Misionero Mundial

Pastor General y Apóstol del Centro Mundial de Adoración Costa Rica

PRÓLOGO

Durante el crecimiento y desarrollo de mi ministerio por más de tres décadas como adoradora-conferencista, pastora-profeta, he sido testigo del surgir del liderazgo influyente de la mujer; testigo de dos cosas:

1-El precio que se ha tenido que pagar.
2-Los impactantes resultados que se han logrado, para llegar hasta este punto. Se han derribado muchos argumentos, (aun cuando quedan todavía) se han rotos muchos paradigmas, ese conjunto de teorías que se aceptó por siglos, sin cuestionar y que las silenciaba, y las redujo al anonimato. Por esto muchos vientres proféticos se secaron, se llevaron a la tumba el don y el llamamiento, y nunca lo pudieron usar ni multiplicar.

Hoy más que nunca el panorama es distinto, lo que se percibe. Lo que estamos experimentando es poderoso y sobrenatural; se ha levantado y se seguirá levantando una generación, venciendo y para vencer. Quitándose la ropa de cobarde, sin identidad, confundidas y de miradas perdidas, han despertado del sueño, y saben que tienen mucho que dar. Son mujeres procesadas en hornos de fuego, en fosas de leones y cisternas, que están agradecidas de lo que Dios ha hecho en sus vidas, dispuestas a formar a otras y dar de lo mucho que han recibido.

Somos el ''As debajo de la manga de Dios''. Esto significa que poseemos recursos y soluciones secretas del Espíritu para esta temporada, por lo tanto, somos eficaces para resolver situaciones difíciles, por medio del don profético

17

y el don de discernimiento, sin contaminarnos, haciendo uso de la autoridad, pero conservando la sutileza y suavidad en nuestro liderazgo.

Algo que nos debe distinguir es la prudencia y la sabiduría no solo en el hogar, con nuestros hijos, nuestros maridos o desde el altar de una iglesia. Esto va más allá, abarca también, el mundo de los negocios, la política, el deporte, las artes.

Mujeres virtuosas e influyentes en todas las áreas, cumpliendo con su asignación, con dones espirituales para profetizar y enseñar, mujeres visionarias con habilidades dignas de admiración con la Gracia dada por el Espíritu Santo, que han decidido ser útiles e instrumentos en las Manos de Dios, y voluntariamente se han permitido sanar, y moldear su corazón. Son mujeres todo terreno, que están alcanzando los escaños más altos y de grandes privilegios y aún conservan un corazón humilde ante Dios.

El liderazgo del que te enseña magistralmente en cada página la Apóstol Adriana Diaz Calabria es el Modelo Divino, al estilo del Reino. En cada capítulo, aprenderás las cualidades y principios que debes desarrollar para influir en la forma de ser y actuar de las personas en tu entorno, que son específicamente tus hijos y tu marido. Ejercerás tu liderazgo firme, pero suave, en tu ministerio, y en el equipo de trabajo que se te ha asignado, haciendo que lleguen a su destino profético y que trabajen con entusiasmo hacia el logro de sus metas y objetivos.

Firmemente creo en el liderazgo que inspira a otros.

Gente que no conocías ni llamaste, la verás caminando detrás de ti a causa de la Gracia dada por el Padre.

Mujeres influyentes, no estén obsesionadas por la competencia contra los hombres, ni con otras mujeres. Ustedes están dotadas con capacidad de tomar la iniciativa, gestionar, convocar, promover, incentivar, motivar, impulsar a otras, con integridad predicando con el ejemplo.

Una de las mujeres de la Biblia con la que me identifico a nivel de liderazgo y es una de mis favoritas es Noemí, porque me ha tocado tener a mi lado "Orfas" a quienes que les doy todo lo que tengo, les enseño con palabras y mi vida cotidiana, todo lo que sé, y al final se regresan a su Moab. Pero tengo el gran gozo y privilegio de tener y conservar a mis Rut que hoy por hoy son parte de mi ejército de guerreras que pelean junto a mí. Que me dicen *"... No me ruegues que te deje, y me aparte de ti; porque a dondequiera que tú fueres, iré yo, y dondequiera que vivieres, viviré. Tu pueblo será mi pueblo, y tu Dios mi Dios"* (Rut 1:16, RVR 1960).

Apóstol y Profeta Nancy Amancio

Ministerios Nancy Amancio, Inc.

Autora de Párate en la brecha

República Dominicana

INTRODUCCIÓN

La mujer ejerce un liderazgo de mano suave; su fortaleza como líder no es la mano dura del hombre, sino el poder de su influencia. Ese poder, dado por Dios desde que formó a la mujer para ser ayuda divina en la Tierra, es natural, algunas veces intencional, y otras veces surge espontáneamente de las necesidades y situaciones.

Escribí este libro para que tú, mujer, reconozcas en ti este don de influencia, y puedas verlo y entenderlo a través de tantas mujeres en la Biblia, que fueron vencedoras ante situaciones desafiantes, con habilidad, sin imponerse agresivamente... gracias al don. Ese talento incluye unas cualidades que quiero que expreses. Observa el título de cada capítulo porque en cada uno destaco una característica de la mujer influyente, y te aconsejo sobre cómo desarrollarte.

Muchas mujeres se menosprecian a sí mismas pensando y comportándose como que no son líderes ni pueden serlo, porque tienen la idea equivocada de que los líderes son solo aquellos que imponen su voluntad o tienen el estilo masculino de liderar. Las mujeres somos líderes fuertes, pero nuestra fuerza está en la influencia sabia, hábil y firme.

Dios nos dio dones y talentos específicos. Somos valientes en el mejor significado y en tantas circunstancias. No somos perfectas, pero nos superamos en todo. Somos decididas, generosas, fructíferas en aquello que emprendemos, porque tenemos tiempo para todo: leer, estudiar, forjarnos una carrera; cuidamos del hogar, trabajamos fuera de casa. Somos talentosas y habilidosas con nuestras manos, y con integridad honramos a las personas, sean amistades, familiares o vecinos porque tenemos el don de gente como cualidad predominante.

La Biblia dice que a su esposo: *"Le da ella bien y no mal todos los días de su vida"*,[1] porque al confiar en Dios ríe y descansa en lo que va a venir. Esto es así porque tiene una profunda e íntima relación con Jesucristo, y confía en Aquel que es poderoso para sacarla de cualquier problema.

Por ello te presento al Salvador, Protector y Guardador de tu alma, recíbelo en tu corazón y entrégale tu presente y futuro, y mira cuán grande fue su amor que dio su vida por ti, y te salvó. Verás cómo a partir de ti toda maldición en tus generaciones presentes y futuras se cortan por el poder de la sangre de Jesucristo derramada a tu favor.

El amor de Dios es único, ilimitado e incomparable porque tenemos un Dios que es omnisciente y sabe de qué cosas tú tienes necesidad.

Declaro sobre ti tiempos de revelación para poder comprender tu verdadero liderazgo, mujer, y pido que cada capítulo de este libro te conduzca hacia un nuevo comienzo, un nuevo génesis en tu desempeño en todas las áreas de tu vida.

[1] Proverbios 31:12

Nada hay mejor en la vida que una buena mujer, porque si cuentas con ella tu victoria está asegurada, tu triunfo está a un paso de ti y tu vida será poderosamente enriquecida.

CAPÍTULO 1
MUJER POSITIVA

"Nada hay mejor en la vida que una buena mujer, porque si cuentas con ella tu victoria está asegurada, tu triunfo está a un paso de ti y tu vida será poderosamente enriquecida".

Cuando eres una persona positiva, buscas la lección en todo lo que haces; de todo lo que te ocurre sacas una conclusión que te permite ver el fin de aquello que es tu objetivo. Al observar a los demás, te dispones a ver lo mejor en ellos, porque nadie llega solo a ningún lugar, ni obtiene logros solo. Ves riqueza en la gente que Dios te pone en tu camino.

Cuando Jesús sanó a la mujer encorvada, la cual llevaba dieciocho años con un espíritu de enfermedad, lo hizo por su gran misericordia y amor por las personas.[2] Igual que ella, es tiempo de ser más condescendientes con los demás, y enfocarnos en llevar soluciones a los que las necesitan. Así verás oportunidades donde tú quieras, porque tienes un concepto muy alto de ti misma. Confías

---

2 Lucas 13:10-12, NTV.

MUJER FUERTE, LIDERAZGO SUAVE

en que puedes llegar y volar alto, pues el cielo es el límite.

El autor y educador Parker Palmer dijo: "El cuidado de uno mismo jamás es un acto egoísta; es simplemente la correcta administración del único don que tengo, el regalo que poseo para ofrecer a otros y por el que fui puesto en la tierra. En todo momento podemos escuchar al ser verdadero y cuidarlo como es necesario, no lo hacemos únicamente por nosotros, sino por los muchos otros cuyas vidas tocamos".[3]

Te conviertes así en una persona positiva. Una de las virtudes de ser positiva es que deseas dar, porque dando te vacías en otros y vuelves a llenarte. De lo contrario, eres un estanque y te pudres por dentro. Yo siempre estoy dando mi ropa, y siempre en mi guardarropa hay prendas nuevas, siempre estoy estrenando. Es más, me aburre usar lo mismo varias veces, entonces doy y recibo cosas nuevas.

• • • • • • • • • • • •

ESTE ES TU TIEMPO, MUJER, DE EJERCER EL VERDADERO DOMINIO QUE DIOS TE DIO.

Así ocurre en lo espiritual. ¡Cuánta sabiduría y revelación nuevas vienen a mi mente cuando estoy enseñando a otros la verdad de la Palabra de Dios, máxime aplicada a revertir los errores doctrinales que hoy abundan! Proclamando la verdad derrotamos el espíritu de error y engaño que prolifera en la ignorancia de las personas.

---

3 Parker Palmer, Deje hablar a su vida: esté atento a la voz de la vocación: Jossey-Bass, San Francisco 2000, p. 30-31.

Este es tu tiempo, mujer, de ejercer el verdadero dominio que Dios te dio. Por ello es tan importante que te conozcas a profundidad, porque nadie puede ir más allá de sus límites si no se conoce; tu percepción natural de las cosas no debe obstaculizar lo espiritual. Dios ha puesto en cada una de nosotras un don singular. Es ese tesoro valioso que está en tu interior que te permite salir victoriosa en medio de tus quebrantamientos. Aún de los momentos difíciles aprenderás a lograr algo asombroso. Eres quien valora el tiempo y te preparas para la conquista.

Lo más valioso que puedes hacer en la vida es pensar bien de ti misma. Así, aprenderás a respetarte, a quererte, a invertir en tu vida espiritual y verterte en los demás. Entonces podrás ejercer tu liderazgo con liberalidad, porque verás cuánto potencial hay en ti para tener la capacidad de amar a la gente y de ser de influencia. Jesucristo dijo:

> **LO MÁS VALIOSO QUE PUEDES HACER EN LA VIDA ES PENSAR BIEN DE TI MISMA.**

Amarás al Señor tu Dios con todo tu corazón, y con toda tu alma, y con toda tu mente. Este es el primero y grande mandamiento. Y el segundo es semejante: Amarás a tu prójimo como a ti mismo (Mateo 22:37-39).

Si bien no debemos buscar en forma orgullosa la adulación de los demás, consideremos que debemos tener un

27

adecuado nivel de amor propio, es decir, amarnos a nosotras mismas, como dijo Jesús. Entonces podremos amar al prójimo, que es quien está más cerca nuestro, y en el caso del matrimonio, tu esposo es tu prójimo. Es sorprendente, pero es así.

Por último, ser una mujer positiva no significa que todo será perfecto, eso no es así. Ante cada situación negativa busca analizar todo con un corazón agradecido, ya que ello te mantendrá enfocada en tus fortalezas y no en tus debilidades. Di, "gracias, Señor".

REFLEXIONA Y ESCRIBE...

¿Cómo te ves a ti misma?

_____

_____

_____

_____

_____

¿Estás dispuesta a dejar ir lo negativo que encuentres en ti, y crecer como mujer positiva? _Escribe un plan de acción._

_____

_____

_____

_____

_____

CAPÍTULO 2
ERES UN EJEMPLO PARA SEGUIR

"Eres una mujer alegre que puede transformar cualquier ambiente. Eres una líder".

Sobre todas las cosas tienes que comprender que tú eres única; que estás destinada en esta tierra para inspirar a otras mujeres a ser mejores. No es lo mismo liderar que dominar. Cuando lideras inspirando, dejas de ser egoísta porque inclinas tu corazón para suplir las necesidades de otros. Eres quien toma la iniciativa para hacer un trabajo en equipo, explorando los talentos de otros que te ayudarán a alcanzar metas que sola no lograrías. Todo mi desempeño como escritora no es un mérito solo mío, y eso lo dejé plasmado en la dedicatoria de mi primer libro cuando reconocí a

> ESTÁS DESTINADA EN ESTA TIERRA PARA INSPIRAR A OTRAS MUJERES A SER MEJORES.

29

tantas personas que me ayudaron a lograrlo.

Siempre me gusta descubrir la personalidad de cada mujer que Dios me pone en mi camino porque dentro de cada mujer hay una líder escondida, trabajando en sus puntos fuertes y minimizando sus debilidades, entendiendo que en su vida habrá cosas permanentes y otras pasajeras, como la gente que no es parte de su vida a diario.

Mujer, dale importancia a la oportunidad de vivir que Dios te da. La vida es maravillosa y trae cambios continuamente. La mujer fuerte acepta los cambios como parte natural del proceso de la vida, se fija objetivos y mide sus progresos. Busca soluciones y alternativas contra cualquier obstáculo.

Tú eres una mujer fuerte, pero eres suave por dentro y esa suavidad te permite intervenir en las vidas con la efectiva influencia del amor. Eres quien trae equilibrio en aquel lugar donde te encuentras, sea en tu trabajo, en tu casa o en tu matrimonio. Un buen ejemplo es Miriam (María), la hermana de Moisés y Aarón. En el pasaje de Miqueas 6:4 hay una revelación poderosa que nos permite ver que tanto los hombres como las mujeres son importantes para Dios.

> *Pues yo te hice subir de la tierra de Egipto y de la casa de servidumbre te redimí, y envié delante de ti a Moisés, Aarón y a Miriam (NBLA).*

Dios estaba diciendo: "Te envié tres líderes, no olvides a María…"

Muchas veces creemos que los hombres lo pueden todo, pero hay muchas cosas que las mujeres hacemos tras bastidores.

Entonces Miriam (María), la profetisa, hermana de Aarón, tomó una pandereta y dirigió a las mujeres en las danzas…
(Éxodo 15:20 NBV)

María era una líder y las mujeres la seguían; las condujo a todas a adorar a Dios agradeciendo por la liberación de los egipcios. Ella con sus cánticos levantó los ánimos de los israelitas. Puso sus dones en acción y con su actitud cambió el ambiente.

¿No te ha tocado muchas veces traer alegría en un lugar donde reina la tristeza?

Pienso que aún en circunstancias donde María quedó con lepra, podemos imaginar que no fue por usurpar la autoridad de Moisés, sino porque se dejó llevar por sus debilidades. Pero era una líder valiente, alegre, y muy carismática, que está como ejemplo de alguien que aún Dios perdonó y la sanó.

CUANDO LA MUJER SABE QUIÉN ES, LE RESULTA MÁS FÁCIL INFLUENCIAR PARA DESARROLLAR SU LIDERAZGO.

Cuando la mujer sabe quién es, le resulta más fácil influenciar para desarrollar su liderazgo, como le ocurrió a la mujer de esta historia. Asume la responsabilidad por tu

31

vida y entiende para qué estás en esta tierra. Eres una mujer alegre que puede transformar cualquier ambiente. Eres una líder.

REFLEXIONA Y ESCRIBE...

¿En qué te consideras un ejemplo a seguir?

_____

_____

_____

¿Por cuáles otras razones quieres ser un ejemplo para seguir?

_____

_____

_____

CAPÍTULO 3
MUJER PODEROSA

"Jamás puedes transmitir seguridad a los demás, si primeramente no tienes bien puestos tus zapatos".

Es muy probable que en muchas situaciones de tu vida te hayas sentido poderosa, pero impotente a la vez. Fue tan grande tu capacidad para tomar decisiones o para resolver problemas que algo dentro de ti creció para posicionarte en ese lugar de trabajo, en ese equipo de ventas o en la conducción de tu propia casa.

Es más, puedes en este momento ser entrenadora o directora en alguna área relacionada con la belleza o el bienestar que buscan las personas. Lo más real es que no puedes evitar sentirte poderosa porque la vida te puso en esa posición y has tenido que salir adelante muchas veces, por lo cual has aprendido o te has acostumbrado a ser así.

Te sientes segura de ti misma y cuando entras a un lugar, todas las miradas se concentran en ti. Siempre hay algo que te hace sentir importante: una buena vestimenta, un color en tus labios o tu peinado. No puedes dejar de sonreír porque justamente esa felicidad interna te hace estar siempre positiva, alegre y con una buena actitud.

Aquí quiero contar una situación que le tocó vivir a una amiga mía, casada con un hombre que la valoraba en extremo y siempre tenía palabras de elogio para ella. Pero en cuanta ocasión que podía, le decía a sus conocidos y parientes que si ella se moría primero se volvería a casar, y que le daba la libertad a ella de volver a casarse también. Lo que él no sabía era que eso la fastidiaba sobremanera, y que lo que él decía no era lo que ella pensaba hacer si él moría primero.

Cada mujer sabe lo que hay en lo profundo de su corazón y no siempre es lo que el otro piensa. Un día ella se armó de valor y le dijo que eso no era lo que ella pensaba hacer si él moría primero; ella se iba a quedar sola porque para ella no había otro hombre como él, quien no solo era el padre de sus hijos, sino el amor de su vida. Además, ella ya tenía en mente todos los proyectos inconclusos que iba a realizar estando sola, pues había tantas cosas que no había concretado por estar siempre pendiente de la vida de su esposo y de sus hijos. Ella dedicaría tiempo para ella sola. ¿Qué quiero decir con este ejemplo? Cada mujer puede estar tan cómoda consigo misma, que no sabe lo que es la soledad porque es un estado que disfruta. Ella puede estar bien tan solo en su propia compañía.

Te miras al espejo y te agrada verte, es más, eres de las que van caminando y te miras dondequiera que se refleje tu imagen.

La confianza en ti misma es fundamental, porque jamás puedes transmitir seguridad a los demás, si primeramente no tienes bien puestos tus zapatos. En estos tiempos, a la mujer se le ha dado un valor más preponderante para que ella se desarrolle en el área mental y espiritual. Mientras que antes se le daban muchísimos consejos de belleza y de cómo lucir más atractiva, hoy se le motiva insistentemente a alcanzar sus sueños y lograr sus metas, a ser creativa y emprendedora. La mujer siempre debe ser reconocida públicamente junto con todo lo que ella hace, porque ella siempre está lista para trabajar, para madrugar, para ocuparse de los detalles más mínimos.

Pero la pregunta es: ¿Qué es lo que hace poderosa a una mujer, a tal punto de ejercer influencia sobre los demás? Tal vez…

- Estudiar y prepararse en una carrera que luego le redundará en un beneficio económico está bien…

- Casarse y formar una familia es maravilloso porque es una gran meta para la mujer, ya que cuando tiene su hogar ella se siente realizada y plena…

- Lograr una posición o un cargo laboral es importante…

- Incursionar en política es algo que vemos a diario y es un factor muy determinante hoy en día…

35

Todo esto contribuye, pero ¿comprendemos dónde radica el verdadero poder de la mujer? Es en el grado de influencia que ella tenga en todas áreas.

Los Proverbios tratan acerca de la mujer como esposa, madre, sierva y como mujer de negocios, cuyo hogar es su prioridad. Todas estas características permiten que se cumpla el plan de Dios para ella, sin embargo, sobre todas las cosas, el Señor siempre quiere definir su carácter para que todo lo que haga sea de influencia para el Reino. Le dio el calificativo de "virtuosa", cuyo significado es: fuerza, potencial, poder, riqueza, propiedad, capacidad, valentía, ejército, tropas, influencia, ejemplar. En el griego es excelencia, moral y bondad; estimación pública. En el idioma hebreo, "virtuosa" es "alguien que posee las riquezas producidas por su potencial".

Sin embargo, en el Salmo 68 descubres algo muy poderoso. Cuando comprendes toda la revelación que tiene el siguiente versículo te pararás firme sobre tus pies y ya no tendrás temor y serás una influencia poderosa como nunca. Dice así:

> "El Señor dio la orden y muchas son las mujeres que fueron a contar las buenas noticias: ¡Los ejércitos de los reyes poderosos se han ido lejos de aquí! La mujer que se quedó en casa reparte todo el botín". (Salmos 68:11-12 PDT).

El significado de este pasaje es que Dios ya está levantando mujeres fuertes y valientes, que le harán frente al enemigo, paradas en la Palabra, sencillas y humildes, que pagan un precio por su familia, y por sus futuras generaciones. Multitudes de mujeres en todo el mundo derrotarán todos los traumas y dolores que les produjo el enemigo, serán las que proclamen las buenas nuevas del evangelio, y saldrán triunfantes. Por si no te has dado cuenta, ya comenzamos.

Por ello lo primero que toda mujer debe hacer es amarse y ver sus fortalezas, reconociendo sus debilidades y encontrando su paz interior. Cuando logre todo esto, reconocerá el alcance de su influencia y será una mujer poderosa. Una buena relación con Dios la llevará a lograr esta paz que el mundo no le dará jamás. La Biblia dice que la paz hay que buscarla y cuando la encuentras hay que seguirla (ver Salmo 34:14)

DIOS ESTÁ EN EL ASUNTO Y TE LLEVA EN VICTORIA.

Aunque haya conflictos, con esa paz interior sabes que Dios está en el asunto y te lleva en victoria. Justamente en Dios, que fue quien diseñó a la mujer, es donde puedes hallar gracia y confianza en medio de la confusión, aunque algunas veces seas débil. Su fortaleza siempre surge.

Mujer, tienes la libertad de ser todo lo que Dios te ha llamado a hacer y ser. Disfruta las oportunidades que la vida te da para influenciar a tu

MUESTRA AL MUNDO TU PODER DE INFLUENCIA PARA EL REINO. ESTE ES TU TIEMPO. ESTA ES TU HORA.

alrededor. Celebra tu victoria sobre tus enemigos. Muestra al mundo tu poder de influencia para el Reino. Este es tu tiempo. Esta es tu hora.

REFLEXIONA Y ESCRIBE...

Describe tu relación con Dios.

_____

_____

_____

_____

_____

¿Qué tú consideras que te hace poderosa para el Reino de Dios?

_____

_____

_____

_____

_____

CAPÍTULO 4
MUJER AMOROSA

"Funcionar desde el amor nos permite vivir una vida apasionante, porque el amor es lo que perdura a través del tiempo".

Debemos siempre esperar el cambio, porque sin duda llegará a nuestras vidas; es inevitable. Lo importante es mantener una actitud positiva hacia el cambio. Las estaciones cambian, las personas cambian, pero Dios no cambia; tampoco cambia su infinito amor incondicional. La Palabra de Dios dice:

> *En el amor no hay temor, sino que el perfecto amor echa fuera el temor (1 Juan 4:18, LBLA).*

Justamente al recibir el amor de Dios, ese amor tan poderoso ahuyenta el odio, el rencor, el temor y nos resulta más fácil amar a los demás. Es que el amor de Dios es desbordante y siempre está dispuesto para demostrárnoslo porque es su esencia. Me gusta decir siempre que Dios no "tiene" amor, Él "es" amor. Cuando conocemos ese amor nos damos cuenta de su inmensidad.

39

Entonces, funcionar desde el amor nos permite vivir una vida apasionante, porque el amor es lo que perdura a través del tiempo.

Una pareja de casados que permanecen juntos durante muchos años no aman de la misma manera como la noche de bodas. Pero la permanencia a través de los años perfecciona ese amor y lo solidifica.

Funcionar desde el amor es mantenerse humilde como mujer sin creerte más que los demás. Y claro, si estás casada, entender que tu autoridad es tu esposo. Puedes hacer muchas cosas, pero sin sumisión a la cabeza de tu hogar, el hombre, te acarrearás miles de problemas. Eso es así.

> **CUANDO AGRADECEMOS POR LO QUE TENEMOS, ATRAEMOS LO QUE NOS FALTA Y VALORAMOS LO QUE DIOS NOS DIO.**

¿De qué sirve hacer muchas cosas si no las hacemos con amor? Hay que hacerlo todo con amor. En algunas ocasiones será un amor sacrificial porque tendrás que ser obediente y no escuchar la voz de tus propios deseos. Será una batalla interior muy fuerte, y seguramente la victoria de ayer no será la victoria de hoy. Todas las mujeres experimentamos esta tensión, pero es muy poderoso ser una persona agradecida porque cuando agradecemos por lo que tenemos, atraemos lo que nos falta y valoramos lo que Dios nos dio, sin darle lugar a la queja.

En las Escrituras el Apóstol Pablo le decía a la iglesia de Tesalónica:

¿Cómo podemos agradecer bastante a nuestro Dios por ustedes y por toda la alegría que nos han proporcionado delante de él?. (1 Tesalonicenses 3:9 NVI).

¿Qué es lo que realmente te trae alegría y te lleva a ser agradecida?

Nuestra actitud determina si la vida es un lugar de bendiciones o de desgracias y miseria. Si miramos algún rosal, algunos se quejarán de que las rosas tienen espinas, mientras otros se alegrarán de que las rosas vienen con espinas, porque a pesar de las espinas, son de las flores más bellas y con precioso perfume.

¿Has pensado que a veces hay que dejar cosas, situaciones y aún personas atrás para alcanzar el agradecimiento y funcionar en el amor? Entonces y solo entonces la calidad de tu vida ya sea que la ames o la odies, depende de cuán agradecida eres con Dios.

No importa por lo que estés pasando, cuando comienzas a agradecer a Dios, aunque tu situación sigue igual, eres tú la que comienza a cambiar. Siempre pensamos que la oración cambia las cosas, pero la oración me cambia a mí.

SIEMPRE PENSAMOS QUE LA ORACIÓN CAMBIA LAS COSAS, PERO LA ORACIÓN ME CAMBIA A MÍ.

41

Leí la siguiente frase en el libro, "La mujer sujeta al Espíritu" de Beverly La Haye:[4] "He aprendido que en ciertas ocasiones es mejor comunicarme con Dios acerca de algo y dejar que sea Él que hable con mi esposo".

Eso ocurre tanto en las relaciones de pareja como en la relación con la familia, y nos permite comprender que debemos ampliar nuestro círculo de relaciones y reconocer lo bueno que es congregarse en una iglesia cristiana. Es allí donde podemos funcionar desde el amor y convertirnos en verdaderas líderes; útiles para el Reino de Dios. También es en ese lugar donde se nos revela el amor divino que nos permite entender hasta qué punto el Creador nos ama.

Ser conscientes de ese amor es el más alto concepto que tendremos en toda nuestra vida que estuvo dañada por el pecado. Ese sublime sentimiento espiritual nos llevará a amarnos a nosotros mismos en el nombre de Dios.

REFLEXIONA Y ESCRIBE...

Comparte todo lo que haces con amor y por amor.

_____

_____

_____

_____

_____

---

4 Grupo Nelson, 1992.

¿A qué le tienes resistencia a hacer por amor?

_____

_____

_____

_____

_____

Ser una poderosa influencia en su momento y a favor de tantas personas. Eso es liderazgo fuerte en una mujer suave y delicada.

CAPÍTULO 5
MUJER ENTENDIDA Y DE PRECIOSA APARIENCIA

"Ser una poderosa influencia en su momento y a favor de tantas personas. Eso es liderazgo fuerte en una mujer suave y delicada".

En la Palabra de Dios hay una historia muy interesante de una mujer llamada Abigail que la Biblia describe como una mujer hermosa y de buen entendimiento. Ella estaba casada con un hombre rico llamado Nabal, muy necio y con mucha falta de juicio. David envió mensajeros a Nabal solicitándole alimentos para él y sus hombres.

Teniendo en cuenta que David había protegido a los pastores de Nabal, este tuvo muy poca percepción y trató a David como si fuera un esclavo. Es más, Nabal tenía tres mil ovejas y mil cabras porque David lo protegió.

En medio de todo este comportamiento por parte de Nabal, vemos que David se prepara junto con cuatrocientos hombres para destruir toda la casa, incluyendo los sirvientes. En esos momentos límites interviene Abigail, una mujer valiente y extremadamente capaz, quien enterada por un siervo de la acción que tomaría David contra toda su casa, toma una gran decisión. Ella se acercó a David y le llevó comida para él y todos sus hombres, y de una forma muy inteligente se disculpó por la acción insensata de su esposo.

Además, ella tenía conocimiento que David huía del Rey Saúl y habló proféticamente del futuro Rey de Israel considerando que ella sabía quién era David, mientras que Nabal no. Abigail fue una mujer informada que supo ejercer una influencia sabia y oportunamente. Fue utilizada por Dios en un momento crucial, porque su rápida acción evitó una verdadera masacre.

> **ABIGAIL FUE UNA MUJER INFORMADA QUE SUPO EJERCER UNA INFLUENCIA SABIA Y OPORTUNA.**

Abigail no solo fue valiente en acercarse a David junto a los cuatrocientos hombres que estaban enfurecidos con la actitud de su esposo, arrodillándose en una actitud de humildad, sino que luego tuvo el valor de ir y hablar con Nabal, a quien le contó todo lo que había hecho con el riesgo de que se enojara con ella.

Pero como Dios estaba en el asunto, dice la Biblia que, *"El Señor hirió a Nabal y murió"*,[5] lo cual hizo que Abigail fuera librada de la ira de su necio esposo. Claro, la historia finaliza con el pedido de David a Abigail para que sea su esposa, lo cual ella aceptó humildemente. Lo que se desprende a todas luces es la admiración que despertaba esta mujer en el futuro rey.

Aquí vemos una enseñanza muy poderosa, porque Abigail cuidó los intereses de su necio esposo Nabal, pero también actuó con mucha inteligencia en una situación sumamente peligrosa. Ella no se somete a la necia actitud de su marido cuando en esa época una mujer no podía hacer lo que ella hizo, sin embargo, termina siendo elogiada por sus acciones y admirada por quien luego la convertiría en reina.

En esta historia vemos a una mujer que con valentía tuvo la capacidad de solucionar en forma rápida y eficaz un terrible desastre. Ella fue una poderosa influencia en su momento y a favor de tantas personas. Eso es liderazgo de influencia en una mujer suave y delicada. Poderoso.

REFLEXIONA Y ESCRIBE...

¿Cuán valiente y decidida podrías ser en una situación de peligro similar a la de Abigail?

_____

_____

_____

_____

5 I Samuel 25.

¿Recuerdas alguna situación cuando tu influencia rescató de un peligro a alguien de tu familia, o a alguna amiga?

_____

_____

_____

_____

_____

CAPÍTULO 6
LÍDER PARA FORMAR LÍDERES

"La falta de carácter en el liderazgo masculino y la poca ética moral han permitido que se levanten muchas mujeres líderes".

Las mujeres definitivamente deben dejar las niñerías, los caprichos y la falta de comprensión.

Cuando yo era niño, (inmadura) hablaba, pensaba y razonaba como niño; (dirigido a las mujeres también) pero cuando alcancé madurez en la vida, dejé a un lado las cosas de niño. De la misma manera, nuestros conocimientos son ahora muy limitados, como si estuviéramos viendo una figura en un espejo defectuoso; pero un día veremos las cosas como son, cara a cara. Mis conocimientos son ahora imperfectos, pero en aquel día podré conocer tal y como él me conoce a mí. (1 Corintios 13:11-12 NBV).

La falta de carácter en el liderazgo masculino y la poca ética moral han permitido que se levanten muchas mujeres líderes. Por eso, en la asignación divina de formar mujeres líderes, tenemos que ser ejemplo de ética y honra.

Son de conocimiento general las siguientes aseveraciones acerca de las mujeres:

1. Como resultado de tener mejor preparación académica, mejores trabajos y salarios, las mujeres hoy día son más felices y se sienten más realizadas que hace cuarenta años. Falso.

2. A medida que envejecen, las mujeres se vuelven más dedicadas y se sienten más satisfechas. Falso.

3. En el trabajo, las mujeres están relegadas a posiciones con roles inferiores. Verdadero.

4. La mayoría de los hombres piensa que el varón debe ser el proveedor primario de la casa y que la mujer debe ser la principal responsable del hogar y la familia. Antes, ahora no.

5. Si las mujeres tuvieran más tiempo

libre, se sentirían menos estresadas. Verdadero.

6. Las mujeres se sienten más felices cuando tienen hijos. No siempre.

7. Las mujeres son buenas en llevar a cabo multitareas y esto las ayuda a completar todos sus quehaceres diarios. No siempre.

8. Las mujeres hacen más trabajo en el hogar por semana que los hombres. Verdadero.

Varias de estas afirmaciones nos hacen pensar en una realidad que no se puede obviar en cuanto al agotamiento que tantas mujeres sufren hoy.

Hebreos 12:7 (PDT)declara:

> *Entonces soporten esos sufrimientos como se acepta la disciplina de un padre, porque Dios lo hace como un padre que corrige a sus hijos.*

Para llegar a tener una comunión más profunda y plena con Él en oportunidades, Dios usa lo que se llama "la noche oscura del alma". ¿Qué es eso? Es una fase espiritual de soledad y desolación donde solo puedes depender de Dios, donde nadie más que el Señor está allí contigo. De esa manera Dios "purga" los apegos y pasiones para que solo dependas de Él, de su Santo Espíritu. Él te libera del orgullo, la avaricia, la inconformidad, la ira, la envidia y la amargura. Allí y solo allí es donde te encuentras con su amor, su paz y su reposo. Entonces progresas y alcanzas la perfección para desarrollar en otras lo que recibiste tu.

> *Pongamos toda nuestra atención en Jesús, pues de él viene nuestra confianza, y es él quien hace que confiemos cada vez más y mejor. Jesús soportó la vergüenza de morir clavado en una cruz porque sabía que, después de tanto sufrimiento, sería muy feliz. Y ahora se ha sentado a la derecha del trono de Dios". (Hebreos 12:2, TLA).*

Tremendo. ¿Verdad?

Te pregunto, mujer: ¿Estás disfrutando de esta etapa de tu vida cuando cumples el llamado del liderato en otras?

La Biblia habla del espíritu de contentamiento.

> *"Pero gran ganancia es la piedad acompañada de contentamiento; porque nada hemos traído a este mundo, y sin duda nada podremos sacar"(1 Timoteo 6:6-7).*

Dios es intencional cuando quiere lograr algo en nosotras, aunque para tu vista sea negativo, porque Él quiere desarrollar en ti carácter y fe para lograr el destino que tiene para tu vida.

Su deseo es que puedas disfrutar de las pequeñas cosas, de los detalles que Dios tiene con nosotros, porque la intención de Dios siempre es volvernos a usar en todas las áreas, aunque nosotros no veamos nada, y replegarnos en otras mujeres porque nos quiere líderes para formar líderes.

ÉL QUIERE DESARROLLAR EN TI CARÁCTER Y FE PARA LOGRAR EL DESTINO QUE TIENE PARA TU VIDA.

REFLEXIONA Y ESCRIBE...

Comparte algún aprendizaje o lección de Dios que te llevó a progresar en tu relación con Dios.

_____
_____
_____

¿Cuán dispuesta has estado a perfeccionarte en la comprensión de Dios?

_____
_____
_____

53

*Cualquier cosa
que la mujer
necesite natural
o espiritual debe
provenir de Dios.*

CAPÍTULO 7
MUJER CON LA MISIÓN DE REFLEJAR EL AMOR DE DIOS ANTE EL MUNDO

"Cualquier cosa que la mujer necesite natural o espiritual debe provenir de Dios".

Hoy en día hay mucha falta de sometimiento a una autoridad. Es un espíritu diabólico que controla a la sociedad. Si bien la mujer refleja lo que es el hombre, ella es una poderosa influencia en las decisiones que juntos deben tomar porque es su ayuda. Dios la hizo así. Punto.

Por ello, cualquier cosa que la mujer necesite natural o espiritual debe provenir de Dios. Debe buscarlo en esa verdadera fuente, quien suplirá sus necesidades más profundas.

> *La mujer virtuosa es corona de su marido,*
> *más la que lo avergüenza es como*
> *podredumbre en sus huesos.*
> *(Proverbios 12:4, LBLA)*

Una vez más, esto muestra la poderosa influencia que puede tener una mujer en un hombre. Por lo tanto, el tener un marido tiene que convertirte en una mejor persona. Nunca lo desprecies, siempre ayúdalo. De lo contrario, debes mirar tu vida. No caigas en tu propia trampa. Ese es el hombre que tú misma elegiste para ti. O lo destruyes o lo levantas como el rey de la casa, siendo tú su corona.

Observa lo destructiva que es la división, que justamente impide y limita la activación de las cosas que el Señor ya predestinó para tu vida y familia. Hay poder en la unidad, en el hecho de trabajar juntos como un equipo.

> *¿Andarán dos juntos, si no estuvieren de*
> *acuerdo? (Amós 3:3)*

Primeramente, debes ponerte de acuerdo con Dios, porque de esa manera lo podrás hacer con tu prójimo más inmediato, llámese esposo.

> *Otra vez os digo, que, si dos de vosotros*
> *se pusieren de acuerdo en la tierra acerca*
> *de cualquiera cosa que pidieren, les será*
> *hecho por mi Padre que está en los cielos.*
> *(Mateo 18:19).*

Mujer, ¿cómo tú quieres ser conocida? ¿Como alguien que derramó amor? La Palabra de Dios dice que debemos "vestirnos de amor, que es el vínculo perfecto" (Colosenses 3:14).

Amando primeramente a Dios, una mujer podrá bendecir a otros, incluyéndose ella misma.

Muchas mujeres en la Biblia siguieron a Jesús porque Él las elevó al plan original para el cual Dios les dio vida. Él las trató como hermanas y como coherederas de su Padre celestial, junto con Él. Además, tú eres única. Dios te formó para ser original, particular y exclusiva. Conocer a Jesucristo y servirle es lo que te hará vivir una vida plena.

DIOS TE FORMÓ PARA SER ORIGINAL, PARTICULAR Y EXCLUSIVA.

Pon todos tus problemas en el regazo de Su Amor. Nuestro Padre celestial no es como las personas que hoy nos aman y mañana no. Él nos ama con amor eterno y nos da de ese amor para que lo derramemos en otros y nos convirtamos en reflejo de Dios para el mundo. Es el amor que Dios tiene para la humanidad.

Sin embargo, como mujer debes realizar actos de amor. Mi esposo escribió lo siguiente: AMA, AMA Y AMA AL SEÑOR.

Ama al Señor tu Dios con todo tu corazón, con toda tu alma, con toda tu mente y con todas tus fuerzas (Marcos 12:30, NTV).

57

La reiteración de amar en las Escrituras es cada vez más profunda y con más intensidad. El corazón involucra lo más profundo del ser humano y de lo que allí tenga serán las acciones y también las palabras que broten de nuestra boca. Observa:

> *Una persona buena produce cosas buenas del tesoro de su buen corazón, y una persona mala produce cosas malas del tesoro de su mal corazón. Lo que uno dice brota de lo que hay en el corazón. (Lucas 6:45, NTV)*

Se nos insta a amar al Señor con toda el alma. Esto es ser sentimental y emocionalmente maduros, porque si no se está maduro en el alma no se podrá amar con todas las fuerzas de una manera correcta, porque las emociones y los sentimientos varían según las vivencias. El Señor no quiere que tengamos una doble vida de cristianismo. Es preciso vivir la vida y comprender como Dios vive y comprende al mundo según Su Palabra, para vivir nuestras vidas según la revelación de las Escrituras y ser reflejo del amor de Dios ante el mundo.

REFLEXIONA Y ESCRIBE...

¿De cuántas maneras reflejas el amor de Dios hoy?

_____

_____

_____

_____

_____

¿Cómo le demuestras a Dios cuánto le amas?

_____

_____

_____

_____

_____

Toda atadura interior tiene que ver con lo que permites que te controle.

CAPÍTULO 8
MUJER: NO SOPORTES LO QUE DIOS NO TOLERA

"Toda atadura interior tiene que ver con lo que permites que te controle".

Todo lo que emprendas en la vida debe llevarte a mejorar y progresar.

Para poder cumplir con todas las cosas y ser eficaz en lo que emprendas, debes despojarte de las cargas y los problemas que día a día asedian tu caminar. Toda atadura interior tiene que ver con lo que permites que te controle. Recuerda que fuiste llamada a influenciar; no a que otros influyan sobre ti, apartándote de lo que Dios tiene para ti. Dios no desea que tu futuro esté en manos de otra persona. Todo lo que anheles llévalo en oración ante el Señor y podrás superar cualquier cosa que se te presente.

Hay quienes vendrán a tu vida y te dirán cosas que serán muchas veces para matar los sueños que hay en ti, o para juzgarte por tu pasado. No soportes lo que Dios no tolera. Hace unos años una profeta nos dijo a mi esposo y a mí que no todo el mundo estaba preparado para vernos brillar. Eso fue muy cierto, pero nada nos detuvo en el camino para seguir avanzando.

NO COMPARTAS TUS ANHELOS CON LAS PERSONAS EQUIVOCADAS.

La gente que no te ama intentará atrasar tus sueños. Son esos expertos en fracasos, son críticos, pobres espiritualmente. Por eso, ¡cuídate de ellos! Recuerda que uno atrae lo que uno es. Si eres próspera atraerás gente próspera, profesionales, gente preparada y educada. Es muy importante que aprendas a guardar cosas en tu corazón; no compartas tus anhelos con las personas equivocadas.

Si eres una mujer casada debes saber que el matrimonio se erosiona día a día como las orillas del mar. Debes cuidar tu relación con tu esposo sabiendo tener tus sentimientos bajo control, y orientados hacia la fe. Porque es en la fe donde radica el poder para seguir adelante en la pareja.

Dicen las Escrituras:

> *El que teme al Señor aborrece el mal;*
> *yo aborrezco el orgullo y la arrogancia,*
> *la mala conducta y el hablar perverso.*
> *(Proverbios 8:13, NBV).*

Necesitamos ser humildes en la vida cristiana porque muchas veces Dios permite que lleguemos al lugar del fracaso para romper con nuestro orgullo. Humildad es ser consciente de que necesito a Dios y Su Palabra para hablar lo que Él quiere que yo hable.

Así que ponte a pensar en qué has fallado, y arrepiéntete, y vuelve a actuar como al principio… (Apocalipsis 2:5, RVC)

¿Puedes recordar lo que hacías para Dios cuando estabas en el fuego del primer amor?

Detente por unos minutos, y piensa…

Tal vez hoy no puedas repetir fielmente lo que hacías en esa etapa de tu vida, pero puedes hacerlo mejor. Si antes tenías tiempo para leer la Biblia y orar, ahora desafíate a aumentar esos minutos y acércate a Dios. Si antes salías por las calles a evangelizar y visitabas a todo el que se te presentaba, ahora debes hacerlo y con más alegría. Todavía hay mucho por ganar para el Reino de Dios.

¡Que tus acciones sean un espejo para este mundo tan necesitado de Dios!

La Biblia dice que "Dios… llama a las cosas que no son como si fuesen…"[6]

Eso se refiere a la capacidad de Dios (no de nosotros) de crear algo de la nada. Es cuando se materializan todas las cosas que hemos estado planeando, pensando o soñando.

---

6 Romanos 4:17.

Maravilloso. Vive por Su verdad, Sus planes, Su destino y Sus promesas.

REFLEXIONA Y ESCRIBE...

Te repito esta pregunta: ¿qué hacías por tu relación con Dios cuando estabas en la etapa del "primer amor"?

_____

_____

_____

_____

Escribe un plan de acción, y determínate a reanudar todo lo que hacías a un nivel de entrega más intenso para acercarte más a Él.

_____

_____

_____

_____

CAPÍTULO 9

TUS ACCIONES REFLEJAN TU GRADO DE INFLUENCIA

"Debemos asumir la responsabilidad de nuestras propias acciones, y tal vez reconocer qué grado de culpa tuvimos en alguna situación. Eso nos libera".

¡Qué importante es influenciar la vida de otros! Las mujeres nos caracterizamos por eso. Fíjate el grado de influencia que tiene con sus hijos una madre que está consagrada a Dios.

Desde que el bebé está en el vientre de su mamá todas sus necesidades se encuentran satisfechas. Es el lugar más excelente donde puede estar, con todos los nutrientes, y oxigenado por lo que recibe a través del cordón umbilical. Ella no solo lleva una vida dentro de sí, sino que a través de ella el bebé recibe todo su sustento. ¡Qué extraordinario es esto! Es la maravilla de ser madre, solo Dios pudo haber creado algo tan complejo como el cuerpo de una mujer.

Ella cuida, alimenta y provee para ese ser que todavía no puede ver, pero que lo siente moverse dentro de su vientre. Es tan necesaria que se convierte en la mayor influencia en la vida de ese ser. Pero puede haber una gran tragedia en el transcurrir de los años de ese hijo porque debemos reconocer diferentes etapas de influencias sobre nuestros hijos. Muchas madres son tan dominantes que terminan resentidas con sus hijos porque no comprenden que han crecido y que deben hacer su vida. Es tan importante entender que hay un cambio de roles, que su tiempo de influencia nunca pasa, pero el estilo de influencia cambia. Cuando llega ese momento, la madre debe ser confidente, alegre y que anime a sus hijos, sin regañarlos, por el contrario, tratando de unirse más a ellos desde la alegría y la confianza.

> **LOS HIJOS NO SON NUESTROS, PASAN POR NUESTRA VIDA Y DEBEMOS LANZARLOS AL MUNDO COMO FLECHAS.**

Debemos entender que los hijos no son nuestros, pasan por nuestra vida y debemos lanzarlos al mundo como flechas. Así lo dice la Biblia:

> *Los hijos son un regalo de Dios, recompensa suya son. Los hijos de padre joven son*

66

como flechas en manos del guerrero.
(Salmo 127:3-4, NBV).

El poder para sanar un hijo o una hija es el grado de influencia que una madre ejerce en ellos. Y tú, mujer, todavía estás a tiempo de revertir cualquier situación difícil o adversa, porque Dios está contigo y Él te ayuda. Por ello es tan poderoso bendecir, que es ni más ni menos que "hablar bien" y pensar bien, lo que vuelve a ti en bendición también como una recompensa.

Cuando entramos en el pleno uso de nuestra influencia, casi nunca podemos ver si la culpa de algo que ocurre es nuestra también; siempre echamos la culpa al otro. ¿Verdad? Sin embargo, hay responsabilidad en la influencia que ejercemos, y tal vez reconocer qué grado de culpa tuvieron nuestras acciones en alguna situación. Eso nos libera.

Para todo cambio que venga a tu vida, mi consejo es que vuelvas a Jesucristo, porque Él siempre permanece fiel. El conocerlo más y más te da confianza. Nosotros creemos que todo será siempre igual, pero con Dios todo se puede transformar. Justamente en ese preciso momento vendrá la respuesta que superará todas tus expectativas porque vienen de un Dios real que te ama y desea lo mejor para ti y tus hijos.

Mi Dios me llena de alegría; su presencia
me llena de gozo.
El me dio salvación y me trató con justicia.
(Isaías 61:10, TLA)

NUNCA RENUNCIES A LOS CAMBIOS, NI A LAS ESTACIONES DE LA VIDA. ELLAS LLEGAN INEVITABLE- MENTE.

Nunca renuncies a los cambios, ni a las estaciones de la vida. Ellas llegan inevitablemente. El solo hecho de que aún estés con vida es porque eres un proyecto de Dios aquí en la tierra y su bendición nos enriquece y no añade tristeza. Proverbios 10:22 (RVR 1960) dice así:

La bendición de Jehová es la que enriquece, Y no añade tristeza con ella.

Sus brazos están extendidos y el Señor espera por ti, por esa persona, valiente, influyente y decidida que una vez más, con un destello de brillo en sus ojos, decide creer que es posible cambiar, y volver a intentarlo. Bendice a tus hijos siempre. Son tu tesoro, mamá.

REFLEXIONA Y ESCRIBE...

¿Ha habido con alguno de tus hijos una situación en la que ahora ves que no mediste límites de acuerdo con su etapa de vida?

_____

_____

_____

_____

_____

Anota los nombres y las edades de tus hijos. Piensa a solas cómo crees que deberías modificar tus intervenciones con ellos.

_____

_____

_____

_____

_____

_____

_____

_____

_____

Enseña a los que te rodean a vivir una vida trascendente, y ellos hablarán bien de ti.

CAPÍTULO 10

LOS TESTIMONIOS DE OTROS HABLAN BIEN DE TI

"Enseña a los que te rodean a vivir una vida trascendente, y ellos hablarán bien de ti".

Un testimonio vale más que mil palabras. A continuación, voy a transcribir un testimonio de los muchos que tengo guardados desde hace veinte años, de mujeres reales que nos escribían de cómo sus vidas fueron influenciadas por mí y por mi esposo como líderes de nuestro Ministerio cristiano.

"De lo más profundo de nuestro corazón queremos decirles que los amamos mucho, porque han sido un gran ejemplo de vida

71

para nosotros, nos mostraron el verdadero propósito por el cual Dios nos dio la vida. El amor de ustedes, su comprensión y su apoyo nos han sostenido en los momentos más difíciles que hemos pasado. Podemos sentir y ver el amor de Dios en sus vidas porque siempre nos han motivado a seguir adelante y a trabajar en el reino de Dios. Queremos decirles que estamos dispuestos a luchar por esa visión de ganar las almas para Cristo y ser unos buenos discípulos. Aunque muchas veces no sabemos expresar nuestro afecto, siempre están en nuestras oraciones. Confiamos en que toda prueba es para levantarnos y hacernos fuertes cada día más en el poder del Señor.

"Sabemos que, aunque se levanten en contra de ustedes, no prosperarán, porque Jehová de los ejércitos está de su lado y nunca los soltará de su mano poderosa.

"El Espíritu Santo nos da fortaleza cada día para triunfar en la batalla. Jesucristo es el médico por excelencia y para Él no hay nada imposible. Su Palabra dice:

El eterno Dios es tu refugio, su eterno poder es tu apoyo (Deuteronomio 33:27, DHH).

Las pruebas son para aumentar nuestra fe. Dice 1 Pedro 1:6-9:

Así que alégrense de verdad. Les espera una alegría inmensa, aunque tienen que soportar muchas pruebas por un tiempo breve. Estas pruebas demostrarán que su fe es auténtica. Está siendo probada de la misma manera que el fuego prueba y purifica el oro, aunque la fe de ustedes es mucho más preciosa que el mismo oro. Entonces su fe, al permanecer firme en tantas pruebas, les traerá mucha alabanza, gloria y honra en el día que Jesucristo sea revelado a todo el mundo. Ustedes aman a Jesucristo a pesar de que nunca lo han visto. Aunque ahora no lo ven, confían en él y se gozan con una alegría gloriosa e indescriptible. La recompensa por confiar en él será la salvación de sus almas. (1 Pedro 1:6-9, NTV).

"Los amamos mucho y deseamos el cumplimiento de las promesas de Dios en sus vidas. Dios es poderoso y grande en misericordia. Gracias por ser nuestros padres espirituales, por creer y darnos una segunda oportunidad por restaurarnos y guiarnos a la verdad.

"Por su testimonio pudimos ver que Dios es real y que se puede tener una vida llena de amor, paz y una familia en Cristo. Gracias a Dios por traerlos desde tan lejos y poder conocerlos. Continuemos adelante

con el Poderoso de Israel, nuestro Dios es el único que puede sanar, salvar y darnos vida eterna. Con amor en Cristo".

De más está decir que esta mujer junto con su esposo y sus hijos siempre, y a medida que pasan los años, recuerdan cada palabra y cada consejo que se les dio porque fuimos sus consejeros y velamos siempre por su vida espiritual.

Dios bendice grandemente a quienes valoran y honran a sus líderes. Nosotros siempre damos gracias al Señor porque en nuestra iglesia funcionamos con más de ochenta servidores en distintos departamentos y se percibe mucha unidad y fidelidad en cada uno de ellos. Me gusta este salmo:

Radiantes están los que acuden al Señor, jamás su rostro se cubre de vergüenza. (Salmo 34:5, NVI, CST).

CADA VEZ QUE TENGAS UN SUEÑO BUSCA CONTÁRSELO A QUIENES TE NIVELEN HACIA ARRIBA.

Así es como se ve nuestra gente, siempre bien vestidos, con una sonrisa en sus rostros y muy positivos en todo, porque ellos transmiten lo que reciben de nosotros sus mentores. Todos ellos saben lo que es vivir una vida trascendente porque siempre los desafiamos con metas grandes, con sueños imposibles algunas veces para la mente humana, pero no para Dios.

74

Un consejo que quiero reiterar: cada vez que tengas un sueño busca contárselo a quienes te nivelen hacia arriba. Cada sueño que queremos alcanzar genera un hábito diferente en cada uno de nosotros, porque nos motiva a luchar contra los imposibles. La meta debe ser alcanzarlos y vivir perseguidos por causa del sueño, pero motivados por tener un futuro de grandeza. Con Dios todo es posible.

REFLEXIONA Y ESCRIBE...

¿Cuáles momentos de crecimiento espiritual te han marcado de manera significativa?

_____

_____

_____

_____

_____

¿Tienes sueños guardados, en fe de que se harán realidad?

_____

_____

_____

_____

_____

*Nuestro cerebro
se tiene que
nutrir con la
Palabra de Dios.*

CAPÍTULO 11
ENTRENA TU MENTE

"Nuestro cerebro se tiene que nutrir con la Palabra de Dios".

Hay algo poderoso en entrenar tu mente, mujer, porque de esa manera puedes decirles adiós a los pensamientos negativos y reemplazarlos por pensamientos de paz y no de mal, como dice la Palabra de Dios.

Porque yo sé los pensamientos que tengo acerca de vosotros, dice Jehová, pensamientos de paz, y no de mal, para daros el fin que esperáis. (Jeremías 29:11).

La palabra paz aquí es "Shalom" y el significado en el diccionario Strong es: "plenitud, totalidad, integridad, salud, bienestar, seguridad, solidez, tranquilidad, prosperidad, perfección, descanso, armonía. La ausencia de discordia o agitación. "Shalom" viene de la raíz verbal "shalam", que significa: "perfecto, pleno o completo".

77

Tener este tipo de pensamientos de paz que nos otorga el Señor es saber que Él tiene el control de nuestras vidas. Es saber que estando en sus manos nuestro futuro está resuelto y a la larga termina bien.

Yo creo que el evangelio nos tiene que afectar en todas las áreas de nuestra vida. Nuestro cerebro se tiene que nutrir con la Palabra de Dios, aun cuando esa Palabra recibida no nos guste, porque a partir de una Palabra dada por el Señor comienzan a ocurrir las manifestaciones, los sueños y las visiones del cielo.

Recuerdo uno de los tantos sueños que tuve donde pude sentir claramente el canto de ángeles dentro de la casa. Era un sonido con una profundidad en el silencio de la noche como cuando suenan campanas. Lo bueno de tener sueños de Dios es que, si nutrimos esos sueños con fe, con oración, seremos las profetas de Dios para este tiempo porque cada día recibiremos más y más revelación.

LA RENOVACIÓN DE LA MENTE POR LA PALABRA ES UN PROCESO CONTINUO.

Esto lo escribí en mi libro "Sin miedo al éxito" en el capítulo 4: "La Palabra de Dios siempre producirá para lo que fue enviada. Nuestros pensamientos se equilibran y se restaura el buen juicio. Podemos creerla, pero hay poder en confesarla porque lleva el poder creador".

Fíjate qué poderoso que nuestros pensamientos se equilibran con la

Palabra de Dios, porque la renovación de la mente por la Palabra es un proceso continuo. Todos los días algo nuevo de Dios se revelará a tu vida. Y eres mujer, lo cual te capacita aún más de lo que piensas.

El cerebro femenino es singular. Un estudio publicado en diversas plataformas en línea reveló que el cerebro de la mujer es cuatro años más joven que el cerebro de un hombre de la misma edad.[7]

¿Por qué Dios nos habrá formado así? Transcribí una comparación científica muy interesante sobre el cerebro de la mujer:

1.CÓRTEX CINGULADO ANTERIOR (CCA): Sopesa las opciones, toma decisiones. Es el centro de las preocupaciones menores y es mayor en las mujeres que en los hombres.

2.CÓRTEX PREFRONTAL (CPF): la reina que gobierna las emociones y evita que se vuelvan desmedidas. Pone freno a la amígdala. Es mayor en las mujeres, y madura uno o dos años antes en las mujeres que en los hombres.

3.ÍNSULA: centro que procesa los sentimientos viscerales. Mayor y más activa en las mujeres.

---

7 Consulta en línea: https://www.ncbi.nlm.nih.gov/search/research-news/1723/.

79

4.HIPOTÁLAMO: director de la sinfonía hormonal; pone en marcha las gónadas. Comienza a funcionar antes en las mujeres.

5.AMÍGDALA: la bestia salvaje que llevamos dentro; núcleo de los instintos, domada solamente por el CPF. Es mayor en los varones.

6.GLÁNDULA PITUITARIA: produce las hormonas de la fertilidad, producción de leche y comportamiento de crianza. Ayuda a poner en marcha el cerebro materno.

7.HIPOCAMPO: el elefante que nunca olvida una pelea, un encuentro romántico o un momento de ternura, ni deja que lo olvides tú. Mayor y más activo en las mujeres.

Cada estado hormonal —años de infancia, de adolescencia, de citas amorosas, de maternidad y de menopausia— actúa como fertilizante de diferentes conexiones neurológicas, responsables de nuevos pensamientos, emociones e intereses.[8] Algo más para tener en cuenta es que los cambios hormonales en la mujer afectan la actividad en su cerebro, a diferencia del hombre.

---

8 "El cerebro femenino" de Louann Brizendine, Salamandra; Julio 18, 2023.

¿Ahora lo entiendes? ¡Tu cerebro fue diseñado para liderar e influenciar!

¡TU CEREBRO FUE DISEÑADO PARA LIDERAR E INFLUENCIAR!

Hay etapas en la vida de la mujer que ella necesita estar sola consigo misma, porque la mujer es como el clima: cambiante e imposible de predecir. Cuando entiendes cómo es tu biología, que es distinta a la del hombre, tomas la iniciativa de conocerte muy bien a ti misma, lo que redunda en una vida mucho más fácil y productiva. Despréndete de tus viejas actitudes, de tus pensamientos más obsesivos y recurrentes, y deja que Dios actúe a tu favor, consciente de que Él diseñó para ti un sistema cerebral sofisticado, equipado para los propósitos que te asignó.

REFLEXIONA Y ESCRIBE...

¿Sabes cómo convertir tus pensamientos desesperados en pensamientos de paz, mediante tu relación con Dios?

_____

_____

_____

_____

_____

Ya te expliqué cómo Dios diseñó para ti un cerebro más sofisticado y cuatro años más joven. Escribe todas las características que notas en ti, evidencia de la singularidad de tu cerebro.

_____

_____

_____

_____

CAPÍTULO 12
LO QUE SOMOS Y LO QUE HACEMOS

"Somos hijas de Dios y eso nos posiciona muy diferente de aquellos que no tienen a Jesús en sus vidas, y nos da de Su Gracia".

Como mujeres que somos, siempre creemos que lo tenemos que hacer todo. Lo más trágico es que por más que nos esforcemos nunca podremos hacer todo lo que los demás esperan que hagamos. Tratamos y tratamos todo el tiempo y si bien nuestras obras son buenas, no son lo más importante. Lo más importante es lo que hay dentro de nosotras. No podemos vivir sintiéndonos mal con nosotras mismas porque estamos siempre queriendo demostrar nuestros logros,

TODA MUJER ES UNA HEROÍNA, YA QUE EN SITUACIONES DIFÍCILES O DE CRISIS SIEMPRE LOGRA SALIR ADELANTE.

los éxitos, pero podríamos llenarnos de orgullo y convertirnos en nuestros propios dioses. Toda mujer es una heroína, ya que en situaciones difíciles o de crisis siempre logra salir adelante, y saca fuerzas de donde no tiene.

Phumzile Mlambo-Ngcuka, exdirectora ejecutiva de la Organización de las Naciones Unidas ONU Mujeres, realizó un informe para la UNESCO diciendo que, durante la pandemia en el año 2020, las mujeres fueron las más afectadas en sus trabajos. Muchas de ellas trabajaban en primera línea y estuvieron directamente expuestas al virus del COVID 19.

Aunque esas mujeres salvaron vidas, son heroínas ignoradas. Tremendo. Así ocurre en muchas otras áreas, pero lo más hermoso es saber lo valiosas que somos para Dios. Como mujer líder, es importante que tengas personas a quienes admirar, sean tus padres, tu esposo, o alguna mentora.

Siempre enseño que debemos relacionarnos íntimamente con nuestro Amado Salvador Jesucristo de Nazaret, quien nos dio nueva vida, pero quien, como dice Hebreos 4:15-16:

> *Porque no tenemos un Sumo Sacerdote que sea incapaz de compadecerse y comprender nuestras debilidades y tentaciones, sino Uno que ha sido tentado [sabiendo exactamente cómo se siente ser humano] en todo según nuestra semejanza, pero sin [cometer nada] pecado. Por lo tanto,*

acerquémonos [con privilegio] al trono de la gracia [es decir, el trono del favor misericordioso de Dios] con confianza y sin temor, para que podamos alcanzar misericordia [por nuestros fracasos] y hallar [Su asombrosa] gracia para ayudar en tiempo de necesidad [una bendición apropiada, que llega justo en el momento adecuado]. (Hebreos 4:15-16, AMP)

Nadie puede quitarnos nuestra posición de hijas. Todo lo que hacemos contribuye a saber con exactitud quiénes somos y, en consecuencia, tenemos la certeza de hacia dónde nos dirigimos en la vida. Sabemos lo que somos y hacemos de acuerdo con lo que somos. Glorioso.

NADIE PUEDE QUITARNOS NUESTRA POSICIÓN DE HIJAS.

Siempre he tenido la costumbre de tener libros de notas donde escribo, no solo lo que siento, o lo que Dios me habla específicamente a través de la lectura de Su Palabra, sino también mis experiencias de vida. Cuando tengo dificultades, voy y releo las cosas que escribí en el pasado, y mi fe y mi confianza se fortalecen. Si por unos segundos te detienes a pensar ahora mismo en la cantidad de oportunidades que el Señor estuvo contigo y te consoló, te libró de problemas y te dio fuerzas para seguir adelante, entenderás lo poderoso que es ser su hija, porque eso es lo que nadie nos puede quitar.

Es tan importante vivir el aquí y el ahora. Podemos

sentirnos mal en algunos momentos, pero podemos salir fortalecidas de cada situación.

Algo que siempre le he dicho a Dios es: "Nunca permitas, Señor, que me deje impresionar con el talento; que, sobre todo, prefiera la humildad." Depende siempre de Él.

REFLEXIONA Y ESCRIBE...

Menciona momentos difíciles cuando has sentido el rescate de ser hija de Dios.

_____
_____
_____
_____
_____

Escribe en detalles tu gratitud por esos momentos y Su Presencia.

_____
_____
_____
_____
_____
_____

CAPÍTULO 13
MUJER CON RECURSOS

"Lo que nos moviliza en la vida es hacer algo que sea más grande que nosotras mismas".

En la vida es sumamente importante establecer metas, y tener una visión clara de lo que deseas alcanzar. Hay dos cosas que frenan el éxito, y son la improvisación y la impuntualidad. Nadie improvisado ni impuntual puede tener un liderazgo de influencia, ni inspirarlo.

NADIE IMPROVISADO NI IMPUNTUAL PUEDE TENER UN LIDERAZGO DE INFLUENCIA, NI INSPIRARLO.

Te cuento que yo, todos los días, luego de asearme y desayunar dedico tiempo a maquillarme, porque me gusta hacerlo para mí y para mi esposo, pero también porque uno nunca sabe si se encuentra con alguien importante. Es estar siempre lista porque algo nos depara ese día y no podemos estar desaliñadas o impresentables. No me gusta tampoco llegar tarde, y siempre hacemos planificación de todo, porque Dios es un Dios de planes, y sus planes son eternos.

. . . .

UNO NUNCA UNO DEBE DETENERSE. DIOS ES UN DIOS EN MOVIMIENTO.

Lo que nos moviliza en la vida es hacer algo que sea más grande que nosotros mismos; tener desafíos, conocer gente nueva y estar abierta a las oportunidades, porque algunas veces las oportunidades pasan y nunca más regresan.

Creo que uno nunca uno debe detenerse. Dios es un Dios en movimiento.

Entonces Jehová dijo a Moisés: ¿Por qué clamas a mí? Di a los hijos de Israel que marchen (Éxodo 14:15).

Hay un delicado equilibrio entre quedarse quieta y marchar. Esta mañana cuando me desperté vino a mi mente una canción llamada: "Mujer, marcha", de una cantante brasileña llamada Fabiana Anastácio. Y dice así:

"En medio de persecución e insultos de Penina, Ana no paró.
En medio de un mundo corrupto y perseguido, Débora continuó.
En medio de tantas aflicciones y tantas pérdidas, Noemí se conservó.
En medio de tanta soledad y dificultades,

Rut luchó.
Todas estas mujeres pasaron por tantas
dificultades y no pararon.
Rechazadas, sensibles y hasta angustiadas.
Pero ellas levantaron la cabeza y optaron
por marchar.
La familia está perdida, pero voy a
marchar.
La boda está cerca, pero voy a marchar.
Mi hijo se desvió, pero voy a marchar.
El granero está vacío, pero voy a marchar.
Aunque esté angustiada voy a marchar.
No entiendo nada, pero voy a marchar.
El que va delante de mí es el León de Judá.
Mujer marcha, luego marcha
No dejes de pelear esta pelea
Dios confía en ti y te exaltará
Saca esa espada y sal a pelear.
No dejes de orar por esta casa,
a partir de hoy el enemigo te respetará.
Jesucristo llegará a tu casa.
En esta prueba, si no te rindes
Al final triunfarás".

Dios promete lo siguiente en Su Palabra:

Y aunque tu principio haya sido pequeño,
Tu postrer estado será muy grande. (Job
8:7).

Algunas veces sentimos que la carrera es lenta, que lo
que anhelamos se demora mucho en llegar y si bien hay
una promesa muy poderosa en este versículo bíblico, hay

varios requisitos para ver cumplida esta Palabra.

Si tú de mañana buscares a Dios, Y rogares
al Todopoderoso; Si fueres limpio y recto,
Ciertamente luego se despertará por ti, y
hará próspera la morada de tu justicia
(Job 8:5-6).

Hay dos condiciones para que nuestro postrer estado sea muy grande… y son: buscar de mañana a Dios y rogar al Todopoderoso.

En estos tiempos que estamos viviendo es común despertarse, en seguida tomar el celular, que está seguramente en la mesa de noche, y revisar detalladamente todos los mensajes recibidos y las redes sociales. Pero esta condición de la que me habla esta Palabra es la de poner a Dios primero, no solamente antes de salir de la cama, sino en toda actividad diaria. Búscale y hazlo de todo corazón y llegará un tiempo en que reconocerás tanto su voz, que comprenderás que tu futuro no depende de tus habilidades o de tu intelecto, sino de su maravilloso poder.

"Si fueres limpio y recto…" Cuando buscamos la influencia de Dios en nosotras, somos las mujeres que Él creó para ser de influencia en otros.

Debemos "ajustar nuestros pensamientos" para no pensar que todo es culpa nuestra, o vivir en función de lo que digan los demás. ¿Vives preocupada por lo que digan? Cuida muy bien tu diálogo interno, esas conversaciones contigo misma que comienzan en tu mente. A Dios nada podemos ocultarle. Él es omnipotente y sabe cuándo tu corazón está limpio o no. Ten en cuenta que Él sabe perfectamente lo que estamos pensando, pues no hay nada oculto que no se manifieste en Su Presencia.

Confía solo en Él. Ábrele tu corazón y Él te sana, te restaura y te vuelve a usar. Maravilloso.

REFLEXIONA Y ESCRIBE...

Enumera tus recursos para ser líder; los espirituales, mentales y emocionales.

_____

_____

_____

_____

_____

Toma la decisión de invertirlos en ser la mujer de influencia del Reino que Dios quiere que tú seas.

_____

_____

_____

_____

_____

Siempre habrá algo
en tu ser interior
que desafiará
el ambiente en
el que vives.

CAPÍTULO 14
MIRA HACIA ADELANTE

"Siempre habrá algo en tu ser interior que desafiará el ambiente en el que vives".

Es probable que como mujer te encuentres aletargada o errante por la vida, sin poder más que recordar tu pasado una y otra vez. Hay cosas que en algún momento debemos quitar de nuestras vidas: relaciones rotas, gente manipuladora, chantaje, etc. Hay mujeres que viven una esclavitud emocional donde ellas solas se hundieron, y se ha hecho un hábito estar recordando el pasado. Es por ello por lo que debes buscar personas que sean fuertes en aquellas áreas que tú eres débil.

Siempre habrá algo en tu ser interior que desafiará el ambiente en el que vives. Algo que te hará decir: "Esto no me gusta, yo no soy así, cómo pude llegar a vivir esta situación…"

Despídete de tu viejo yo y comienza a vivir una nueva

vida. Conviértete en una "nueva criatura" como dice La Biblia en 2 Corintios 5:17: *"De modo que, si alguno está en Cristo, nueva criatura es; las cosas viejas pasaron; he aquí todas son hechas nuevas"*.

Si hay algo que nadie puede cambiar es el pasado. Siempre es el enemigo quien mantiene a las personas en esclavitud y con sentimientos de culpa por las cosas hechas en el pasado. Pero Dios mantiene libres a las personas, recordándoles el futuro.

Cuando es Dios quien te libera y te sana, le tomarás un nuevo sabor a tu vida y tendrás el coraje suficiente de mirar hacia adelante. Te convertirás en "ese bien" que habla Proverbios 18:22 si eres de esas mujeres solteras que desean casarse.

Según la Palabra de Dios, el matrimonio es un estado ideal para la mujer, pero lo más importante es que ella esté preparada para dar ese gran paso, porque dice este versículo que siendo "ese bien", alcanza la benevolencia del Señor.

La palabra benevolencia tiene un significado muy profundo, y es que la buena voluntad de Dios se inclina a nuestras vidas. Es Dios mismo queriendo el bien para nosotros. Lo más poderoso es que esa virtud se desarrolla en nosotras a través del fruto del Espíritu que describe Gálatas 5:22 como benignidad:

> *Mas el fruto del Espíritu es amor, gozo, paz, paciencia, benignidad…*

Esta palabra tiene un significado muy profundo y tiene que ver con dulzura de disposición, benevolencia en la acción y gentileza en el trato con otros. Tiene mucha relación con el carácter en todas las acciones de nuestra vida. Y esto es lo que debe crecer en tu interior. Entonces vivirás mirando siempre hacia adelante y nunca mirarás hacia atrás ni para tomar impulso. Piénsalo.

VIVIRÁS MIRANDO SIEMPRE HACIA ADELANTE Y NUNCA MIRARÁS HACIA ATRÁS.

REFLEXIONA Y ESCRIBE...

Escribe aquí todo lo que insistes en recordar de tu pasado.

_____
_____
_____
_____
_____

Sustituye esos pensamientos, en estas líneas, por pensamientos de lo que deseas para tu futuro. Escribe sin reservas. Dios te concederá los deseos de tu corazón.

_____
_____
_____
_____
_____

*Hay grandeza
escondida dentro
de tu corazón que
solo a ti te toca
descubrir y permitir
que sea liberada.*

CAPÍTULO 15

VIVE SIENDO AMABLE

"Hay grandeza escondida dentro de tu corazón que solo a ti te toca descubrir y permitir que sea liberada".

Sabemos que hay un desgaste emocional cuando la mujer da mucho y recibe poco. Vive con un espíritu de descontento todos los días, cautiva en su espíritu y rechazándose a sí misma, sin poder expresar a nadie lo que siente porque sería criticada o rechazada. Justamente hoy en día muchas mujeres han recibido alguna u otra forma de discriminación, por lo que tienen que fortalecerse.

Quiero enseñarte un secreto que yo siempre he puesto en práctica y es entender el valor que tiene la vida, que es un don que Dios nos concede, y que cada segundo cuenta como para no darse el lujo de estar en posición agachada o caída.

Te planteo un reto: no permitas que nadie te relegue, te maltrate o te discrimine.

Si Dios te ha permitido vivir un día más es porque tienes la gracia de seguir adelante y dar el gran salto hacia el éxito. ¿Sabes qué es lo bueno del éxito?

HAY GRANDEZA ESCONDIDA DENTRO DE TU CORAZÓN QUE SOLO A TI TE TOCA DESCUBRIR Y PERMITIR QUE SEA LIBERADA.

Triunfar después de que nadie creyó en ti, porque hay grandeza escondida dentro de tu corazón que solo a ti te toca descubrir y permitir que sea liberada.

Yo siempre busco hablar positivamente de las mujeres a quienes me toca ministrar. Ellas me quieren porque siempre les levanto, soy muy amable con ellas y busco su potencial escondido. Influyo en ellas con el ejemplo, es más, si yo uso una determinada ropa o un estilo de maquillaje ellas me imitan, lo cual es muy bueno. Cuando las saludo, lo hago con una gran sonrisa. Motivación, motivación es lo que se necesita, entonces ocurre la creatividad.

La reina Ester es un ejemplo de alguien amable, una mujer que desde niña quedó huérfana, una judía exiliada en un país extranjero, con un pasado muy triste, pero que por la providencia de Dios llegó al trono.

Una de sus características era ser muy dócil y amable a tal punto que *"ganaba Ester el favor de todos los que la* veían" (Ester 2:15). Y qué interesante dice la Biblia: "Y el rey amó a Ester...y halló ella gracia y benevolencia delante de él..." (Ester 2:17)

Una vez más vemos cómo ella, por su carácter afable, logró que en tres oportunidades el rey le prometiera la mitad del reino, de lo cual ella no se aprovechó, sino que cumplió con la orden de salvar al pueblo judío; el propósito de influencia para el que fue creada y llevada al palacio.

Fue sin duda una mujer valiente y en esta historia bíblica hay un mensaje para aquellas que han sido golpeadas por la vida, quebrantadas en todas las áreas, porque Ester no se conformó con llegar a reina, sino que se jugó su propia vida al realizar su petición al rey porque su propósito divino estaba claro para ella.

Tú, mujer, puedes ser una Ester, una poderosa influencia en el ámbito donde te encuentres, sea en tu casa, en tu trabajo, con tus parientes, o con tus amigas. Puedes ser alguien que se exprese, con su testimonio a Jesucristo, para que aquellas mujeres que están quebrantadas y heridas emocionalmente vengan a los pies del Señor.

No hay nada mejor que eso. Inténtalo cada día, proponte usar tu influencia con tu testimonio, a favor del Reino de Cristo.

REFLEXIONA Y ESCRIBE...

¿En cuántas situaciones te has visto demostrando poder debido a ser amable?

_____

_____

_____

_____

_____

¿Cuán fácil se te ha hecho influir si eres amable?

_____

_____

_____

_____

_____

CAPÍTULO 16
PRACTICA LA AUTODISCIPLINA

*"Tus luchas actuales serán las que te lleven
a tener expectativas reales de quién eres y
hacia donde te diriges".*

Déjame decirte algo, justo en ese momento en que más cerca te encuentres de alcanzar tu objetivo, en el tiempo exacto en que se concreta tu sueño, parece que todo el infierno se te viene encima. Por el gran potencial oculto en las mujeres que creemos, todas tenemos siempre el deseo de un milagro que pueda hacerse realidad. Por la vida de oración podemos llenarnos de milagros, yo lo he creído desde siempre, y hasta muchas veces le he prestado mi fe a aquellas que no creían.

Conozco a una señora de otra religión que me contaba que ella siempre hace oraciones dirigiéndose a Dios, y que, si no fuera por su vida de oración, sería una mujer tremendamente mala, porque se enoja con facilidad, grita y no puede controlar su carácter. Cuando le ocurren esos momentos de mucha ira, se aparta a un lugar solitario, empieza a orar, y eso la ayuda muchísimo a controlarse.

La autodisciplina es muy importante para una mujer líder. Permite que ella se destaque de los demás porque puede mostrar tranquilidad y paciencia, dos virtudes muy preciadas.

Hay un versículo muy revelador en la Biblia en Gálatas 6:4 (NBV) que dice:

> *Cada uno debe examinar su conducta; y si tiene algo de qué sentirse orgulloso, que no se compare con nadie.*

Debemos pensar diferente al mundo y en consecuencia hablar diferente; dejar que Jesucristo se desarrolle libremente en ti.

Justamente la vida es un camino por recorrer, y nosotros estamos de paso hasta llegar a alcanzar la vida eterna. Lo más poderoso es que *"somos participantes de la naturaleza divina..."* (2 Pedro 1:4), por lo cual por medio de la santidad adquirimos la auténtica naturaleza de Dios. Es allí cuando se desarrollan los dones en una.

No siempre podremos controlar cómo nos sentimos, pero el dominio propio nos permite "controlar lo incontrolable". Tampoco desprecies los momentos de desánimo porque producirán en ti "alta tolerancia". Tus luchas actuales serán las que te lleven a tener expectativas reales de quién eres y hacia dónde te diriges. Por ello no reniegues de lo vivido, porque "todo sucede para bien", aunque por ahora no veas ese bien. Cada una de nosotras, inevitablemente, somos el resultado de nuestro pasado. Lo maravilloso es que en Dios nuestro pasado no determina nuestro futuro.

No debes pensar "qué dura es mi vida", sino que la vida se compone de momentos difíciles que hay que superar. Es una manera distinta y más optimista de ver las circunstancias. Es superar cada situación con una sonrisa en los labios y un deseo en tu corazón.

Lo importante no es cómo empiezas, sino como terminarás tu carrera. Disciplínate para poder extraer lo mejor de ti, y que las personas te vean como modelo y busquen tu influencia.

Una vez leí esta frase: "Dios te hizo a ti a propósito, para un propósito." Sigue adelante.

> **LO IMPORTANTE NO ES CÓMO EMPIEZAS, SINO COMO TERMINARÁS TU CARRERA.**

REFLEXIONA Y ESCRIBE:

¿Con cuánta frecuencia pierdes el dominio propio y ante cuáles situaciones?

_____
_____
_____
_____
_____

Medita en los momentos cuando respondes con paz y tranquilidad. ¿Cómo te sientes al controlarte?

_____

_____

_____

_____

_____

CAPÍTULO 17
RECONOCE TU ESFERA DE DOMINIO

"Hay un misterio bíblico que los rechazados y menospreciados luego fueron exaltados y bendecidos".

A cada una de nosotras en particular, Dios nos ha dado un ámbito de dominio, un lugar donde Dios nos dio autoridad. Una de las cosas que he notado últimamente es cuántas películas se han filmado donde las protagonistas son mujeres, con historias muy fuertes, muchas de ellas tomadas de la vida real. Aun siendo menospreciadas y maltratadas, son valientes, decididas y siempre alcanzan lo que se proponen.

En la Biblia hay historias reales de personajes que sufrieron rechazo y luego triunfaron, Ana, madre de Samuel; y Lea, esposa de Jacob. A David lo menospreciaron su padre, sus hermanos, el rey Saúl y Goliat, pero Dios le tenía promoción. Llegó a ser el Rey más recordado y poderoso de Israel.

HAY UN MISTERIO BÍBLICO: LOS QUE EN UN MOMENTO FUERON RECHAZADOS Y MENOSPRECIADOS, LUEGO FUERON EXALTADOS Y BENDECIDOS.

Hay un misterio bíblico: los que en un momento fueron rechazados y menospreciados, luego fueron exaltados y bendecidos. El mismo Jesucristo, primero fue humillado hasta lo sumo, y exaltado posteriormente hasta lo más elevado del universo.

Jesús es ejemplo de superación. Fue rechazado por sus hermanos y su familia, por sus conciudadanos y por el liderazgo religioso.

Fue traicionado por Judas, negado por Pedro y abandonado por sus discípulos, pero siguió adelante a cumplir su propósito y misión.

Aquellos que te menospreciaron, mujer, verán cómo Dios mismo te promociona. Las situaciones vienen y van, las personas hoy te aman y mañana te desprecian, pero tú sigues rumbo a tu destino de promoción.

El Salmo 23 dice en el verso 5: *"Aderezas mesas delante de mí en presencia de mis angustiadores"*. Dios te levantará y te va a promocionar delante de los que te angustiaban, de los que te hacían sufrir, de los que se burlaron de ti, de los que hablaron a tus espaldas. Ahora ellos serán avergonzados. ¿Por qué? Porque el Señor te va a bendecir delante de ellos, o sea, que ellos lo verán con sus propios ojos. Tremendo.

¿Verdad? Le duele a Dios cuando no disfrutamos la vida por la cual Jesucristo murió para darnos.

El ladrón no viene sino para hurtar y matar y destruir; yo he venido para que tengan vida, y para que la tengan en abundancia (Juan 10:10).

ESA VIDA ABUNDANTE ESPERA POR TI PARA QUE AMPLÍES TU ESFERA DE DOMINIO.

Esa vida abundante espera por ti para que amplíes tu esfera de dominio, para que te levantes como una mujer fuerte y poderosa. Dios te dará la sabiduría para que puedas ver más allá de lo natural y te extiendas hacia adelante mirando hacia tu futuro de gloria. Te bendigo, mujer.

REFLEXIONA Y ESCRIBE...

¿Cuál es tu esfera de dominio?

_____

_____

_____

_____

_____

¿Cómo querrías ampliar esa esfera?

_____

_____

_____

_____

_____

107

Lo que te mantendrá segura es saber qué piensa Dios de ti.

CAPÍTULO 18
EL PEOR DÍA DE TU VIDA

"Lo que te mantendrá segura es saber qué piensa Dios de ti".

¿Hubo alguna vez en tu vida que lloraste hasta no poder más, hasta sentir que parecía que ya no te quedaban más lágrimas? Lloraste y lloraste hasta quedar cansada y sin más fuerzas para seguir llorando.

Es inevitable que ocurran desilusiones y traiciones, o cosas que nos toca experimentar, de las cuales no podemos escapar. Detrás del maquillaje que oculta tu verdadero estado, hay una niña con una sensación de vacío tratando de probarse a sí misma que está bien, cuando eso no es real. Estás fingiendo. Un profundo dolor se oculta detrás de esas cicatrices, pero no es bueno auto justificarse porque, sea como sea, te encuentras sola en ese problema que estás viviendo.

Hay un versículo donde el rey David tuvo que enfrentarse

a una situación dolorosa y fue con alguien muy cercano.

> *No fue un enemigo quien se mofó de mí;*
> *eso lo habría soportado yo; no fueron*
> *los que están en mi contra los que me*
> *humillaron, de ellos podría haberme*
> *ocultado y huido. Pero fuiste tú, un*
> *hombre como yo, mi compañero y amigo.*
> *Como disfrutábamos nuestra amistad*
> *mientras juntos caminábamos a la casa de*
> *Dios (Salmo 55:12-14, NBV).*

"Ninguno es un enemigo tan real como los falsos amigos", decía Charles Spurgeon.

Hay personas que nos abandonan cuando más difícil se pone una situación, pero lo más doloroso es cuando nos sucede con aquellos que son cercanos a nosotros. En algunos casos y por hacer un bien a una persona diciéndole algo que era para su beneficio, esa persona se aparta y nos abandona.

En mi caminar como ministra de Su Palabra he sufrido tantas decepciones de mujeres que las había ayudado en todo, incluso a tener una mejor apariencia, con regalos hechos de mi parte con todo mi cariño, sin embargo, me abandonaron, y eso produce un gran dolor.

¿Qué crees que hice? Lloré y me conmoví por la situación, pero siempre retuve los buenos momentos, traté siempre de guardar sano mi corazón y si las encontraba en algún lugar, las saludaba como si nada hubiese pasado. Siempre habrá gente que nos amará y otros que no soportarán vernos triunfar. Algunos pensarán mal de nosotros, otros quizás nos digan cosas hirientes, pero lo que te mantendrá segura es saber qué piensa Dios de ti.

Recuerda esto: La gente necesita amor cuando menos se lo merece.

Nuestro Dios nos ama con amor eterno, y siempre prolonga su misericordia en nuestras vidas, porque Él no es como las personas, Él nunca nos falla. Aunque no todo es justo en la vida, lo maravilloso es que Dios sí es justo. En medio de cualquier tragedia aparece el poder restaurador del Señor.

DIOS SÍ ES JUSTO. EN MEDIO DE CUALQUIER TRAGEDIA APARECE EL PODER RESTAURADOR DEL SEÑOR.

REFLEXIONA Y ESCRIBE...

Narra algún día muy difícil en tu vida cuando, desesperada, has culpado a Dios por lo que te pasó.

_____

_____

_____

_____

_____

Comparte tu proceso de restauración en ese caso.

_____

_____

_____

_____

_____

_____

_____

_____

_____

CAPÍTULO 19

ACTITUD DE SUMISIÓN

"Tu esposo tiene que ser tu aliado para que puedas desarrollar y hacer crecer tu liderazgo".

No podía dejar de escribir sobre el tema de la sumisión en la mujer, un tema tan controversial y del que casi no se habla. Cuando se habla, se termina en discusiones sin llegar a tener en cuenta lo que Dios ya estableció en Su Palabra.

Este capítulo está dirigido a las mujeres casadas, y mi primer cuestionamiento hacia ti es que hagas una evaluación del estado de tu matrimonio en este momento.

¿Cuál es tu prioridad? ¿Tus hijos, tus padres, tus amigas o tu esposo? ¿A quiénes de todos ellos dedicas tus energías?

Déjame decirte que tiene que ser a tu esposo. No importa

cuántos años de casados tengan, esa es la realidad: ese hombre tiene que ser tu aliado para que puedas desarrollar y hacer crecer tu liderazgo desarrollando tu ámbito de influencia. Debemos volver a los fundamentos bíblicos, ya que *"dos son mejores que uno"*.

La Biblia dice en Eclesiastés 4: 9-12 que:

> *Mejores son dos que uno, porque tienen mejor paga por su trabajo. Porque si cayeren, el uno levantará a su compañero... ¡ay del solo! ...no habrá segundo que lo levante ...si dos durmieren juntos, se calentaran mutuamente ...y si alguno prevaleciere contra uno, dos le resistirán...*

Si triunfas, tienes alguien con quien compartir tu triunfo, y si fracasas, tienes a alguien que te ayude. Esto también habla de compañerismo, de compartir momentos, habla de calor en tiempos de frío y soledad. "Un hombre y una mujer juntos resistiendo los embates de la vida es poderoso".[9]

No esperes qué es lo que él pueda hacer por ti, sino plantéate qué puedes hacer tú para que tu esposo sea feliz. Eso volverá a ti en amor y retribución, y te hará una mujer segura, porque tienes en quién apoyarte, no estarás sola en aquellas cosas que emprendas y tendrás su absoluta aprobación.

---

9 " Del libro "La mayor frustración del hombre: no entender a su mujer", p. 85.

La Palabra de Dios es clara en cuanto a que:

"Las mujeres deben someterse a sus esposos al igual que se someten al Señor". (Efesios 5:22 NBV).

El mundo siempre ha de rechazar el diseño de Dios para el matrimonio. ¿Por qué se le ordena a la mujer que se someta a su esposo al igual que se somete al Señor? Porque la sumisión es una actitud. La mujer se somete a su marido porque ama a Jesucristo, pero es el esposo quien debe amar y sacrificarse de tal manera por su esposa, que ella pueda permanecer "pura" y esa palabra significa que ella conserva su naturaleza original.

El hombre tiene la obligación de no poner a la mujer en una posición en la que ella arriesgue su integridad, insultándola y denigrándola cuando no puede controlarla. Él tiene que demostrar el amor esmerado y sacrificado que pone las necesidades de ella por sobre las suyas propias. Cuando el esposo se lo pida, la mujer tendrá una actitud obediente y respetuosa hacia él porque lo que más necesita ella es afecto.

"En cuanto a ustedes, esposos, sean comprensivos con sus esposas. Trate cada uno a su esposa con respeto, ya que como mujer es más delicada y comparte, junto con ustedes, la herencia de la vida eterna. Al hacer esto nada estorbará sus oraciones". (1 Pedro 3:7, NBV)

ES MUY IMPORTANTE CAMBIAR LA VISIÓN DEL SOMETIMIENTO, QUE DEBE SER MUTUO, PORQUE LAS DECISIONES SE TOMAN DE A DOS.

La esposa, que es la persona más cercana a su esposo, somete su propio poder (y es muy amplio) a la autoridad de su esposo. Para que ello ocurra, el hombre debe darle lugar para que ella utilice sus fortalezas, su intuición y sus perspectivas que son únicas, a fin de que no se canse en este proceso. Es muy importante cambiar la visión del sometimiento, que debe ser mutuo, porque las decisiones se toman de a dos.

Miremos este versículo: La Biblia Amplificada lo dice de esta manera:

Ustedes, las mujeres casadas, sean sumisas con sus propios esposos —y adáptense a ellos. Para que, si ellos no obedecen la Palabra de Dios, puedan ser ganados no por discusión, sino por las vidas piadosas de sus esposas, cuando ellos observen la manera pura y modesta en la cual se conducen a ustedes mismas, junto con su reverencia por su esposo, lo cual incluye respeto, consideración, honor, estima, admiración, alabanza, devoción, amor profundo y disfrute. (I Pedro 3:1-2).

Hay una identidad que el Señor dio a cada uno, por lo tanto, ambos deben desempeñar diferentes roles. Dios no saca a relucir los errores y defectos de tu cónyuge, todo lo contrario, por lo cual debes siempre ver sus puntos fuertes, su potencial y descubrirlos cada día. Ambos son valiosos para Dios. Recuérdalo siempre.

REFLEXIONA Y ESCRIBE...

Antes de leer este capítulo, ¿cuál era tu actitud hacia el principio de la sumisión al esposo?

_____

_____

_____

_____

_____

Luego de leer este capítulo, ¿cómo describes la actitud de sumisión indicada por la Palabra de Dios?

_____

_____

_____

_____

_____

Debes tener la
mente abierta y el
corazón dispuesto
para ahondar en
nuevas experiencias
que te sacarán
de la rutina.

CAPÍTULO 20
RECORDAR: UNA VIRTUD DE LAS MUJERES

"Debes tener la mente abierta y el corazón dispuesto para ahondar en nuevas experiencias que te sacarán de la rutina".

La fidelidad de Dios en nuestro peregrinaje espiritual tiene que ser lo que nos impulse a seguir caminando hacia adelante. Este es el tiempo más emocionante para estar vivas, porque tu futuro es brillante y tu pasado tiene que serte útil para subir de nivel y empezar a tener un cambio de mentalidad.

¿Qué tiene de emocionante levantarte cada mañana para ti? Piénsalo. Para mí es el emprender un proyecto y tener mi mente ocupada en ello. Es ponerle pasión a todo lo que hago, sea para mí o para mi familia.

Es sentarme con mi esposo y recordar...nuestro primer

encuentro, el primer beso, nuestra boda, el nacimiento de los hijos, y, sobre todo, hacer memoria de tantas personas que lideramos en tantos años de servir a Dios y cómo influimos positivamente en sus vidas.

Según el Instituto de Investigación de la Felicidad,[10] situado en Copenhague, Dinamarca, llegó a esta conclusión:

"Nuestra felicidad depende en gran parte de la relación que tenemos con nuestro pasado, de los recuerdos que guardamos de aquello que sucedió y de la capacidad para construir un relato positivo de nuestra propia vida".

Una de mis características es guardar tarjetas de aniversarios, regalitos hechos por los niños o cartas que me han escrito durante años, y de vez en cuando abrir esas grandes cajas y leerlas y releerlas. Lo que ocurre es que llenan de alegría mi alma, me permiten recordar con cariño a todas esas personas, aunque hoy no estén conmigo. Es *desechar lo malo y escoger lo bueno*, como dice la Biblia en Isaías 7:15.

Tener en cuenta los sueños y descubrir qué es lo que Dios nos quiere hablar a través de ellos es fundamental para una mujer. Yo he recibido muchos mensajes del Señor en forma de sueños. Muchos se han cumplido y otros me han guiado a las personas correctas. Eso es revelación.

Una líder verdadera se enfoca en la gente. Ama a las personas. Vive por ellas.

En varias ocasiones me he encontrado con personas que fueron recibidas por nuestro ministerio cristiano, les hemos cuidado, sanado espiritualmente y hasta les abrimos la puerta de nuestro hogar, pero se alejaron de nosotros sin ningún motivo. Lo que siempre hemos hecho con mi esposo es guardar nuestro corazón, no tener rencor hacia nadie porque somos líderes, no dueños de las vidas. Las vidas pertenecen al Señor.

> **UNA LÍDER VERDADERA SE ENFOCA EN LA GENTE. AMA A LAS PERSONAS. VIVE POR ELLAS.**

Al encontrarnos con los que abandonan, los tratamos como si ayer los hubiésemos visto en la última reunión de la iglesia. Lo más sorprendente que ocurre es que nos terminan pidiendo perdón por la forma en que se fueron, y reconocen además que escucharon a personas que no les ayudaron a tomar las mejores decisiones.

¿Qué es lo que mantiene sano nuestro corazón y nos permite tratar bien a los que nos abandonan? Recordar los buenos momentos vividos junto a ellos, saber que les hemos hecho bien, y que hemos sembrado la Palabra de Dios en sus vidas y su familia.

Hay muchas más personas que nos necesitan. La Iglesia es un organismo vivo, nada ni nadie podrá detener a la Iglesia de Dios. Por eso, muchas veces, ayudo a la gente que pertenece a nuestro ministerio cristiano y que está en otras partes del mundo, y eso me permite conocer siempre personas nuevas.

Otra de las cosas que hacemos con mi esposo es ir de vacaciones a lugares diferentes porque de esa manera podemos descubrir y sorprendernos de todo lo novedoso del lugar.

Tenemos así la mente abierta y el corazón dispuesto para ahondar en nuevas experiencias que nos sacan de la rutina. Nunca nos aburrimos. Tomamos muchas fotos, para luego recordar los días buenos y alegres que pasamos juntos. Lindísimo.

REFLEXIONA Y ESCRIBE...

¿Qué es lo que más disfrutas de recordar las buenas experiencias de la vida?

_____
_____
_____
_____
_____

¿Cómo creas tus memorias y las de tu familia?

_____
_____
_____
_____
_____

CAPÍTULO 21
MANTENTE FIRME EN TU TERRENO

"Una mujer interesante no es aquella que se siente admirada por su belleza externa... Es aquella de carácter firme, que lucha, que cae y se vuelve a levantar más audaz que antes". (Anónimo)

Debes ser una líder cuya influencia se convierta en alguien destructiva para el enemigo. Hay cosas que hay que construir y otras que hay que derribar y destruir para poder levantarse como una guerrera.

Un boxeador debe tener estrategias para poder ganar una pelea, y no siempre es dando golpes, sino esquivando los mismos. Leí que hay técnicas defensivas que les enseñan para evadir los golpes, tener más resistencia y cansar a su contrincante. Cuando ocurre esto, el boxeador golpea más fuerte, rápido y con más precisión. Por ello está la frase de "dar golpes al aire". Si no tiene una buena técnica, ocurre un desgaste físico en el cuerpo del contrincante, al no ser certero en golpear a su enemigo.

La Biblia nos dice que debemos *"resistir en el día malo…"* y *"habiendo acabado todo, estar firmes"*. (Efesios 6:13).

> **DEBES CONOCER TUS ARMAS ESPIRITUALES, QUE SON LA ORACIÓN, LA INTERCESIÓN PROFÉTICA Y EL DISCERNIMIENTO ESPIRITUAL.**

Debes conocer tus armas espirituales, que son la oración, la intercesión profética y el discernimiento espiritual, porque estamos involucradas en una verdadera batalla sin tregua. ¿Qué haremos cuando nos visite el diablo? En algunos momentos el camino puede no ser fácil. Sin embargo, sabemos que la victoria está de nuestra parte, pues Cristo ya la proveyó en la cruz, y apropiarnos de esta gran verdad nos asegura el éxito contra todo ataque demoníaco, incrementando nuestra fe personal.

Tu oración debe estar apoyada en el discernimiento que te dará el Espíritu Santo, y la seguridad de la protección ilimitada que Dios nos ha provisto. Pero vendrán días malos, días que necesitamos más fuerzas que otros, noches que no podemos conciliar el sueño, estados de ánimo donde queremos estar solas.

Hay algo que me parece tan cierto y es que ninguna mujer renuncia a sí misma, aún a pesar de la falta de compromiso por parte de los demás o de las decepciones sufridas. Ella reconoce sus faltas, pide perdón por sus errores, se arrepiente y no vuelve a cometerlos. Ella es una mujer confiable.

Una de las tantas veces que Dios me habló, me llamó "su aliada" y jamás lo he olvidado. Una aliada es alguien que se une a otro para alcanzar un mismo fin, y día tras día me lo recuerdo a mí misma porque es la forma de establecer el Reino de los cielos aquí en la tierra.

Si alguien me hubiera dicho que sería una escritora tal vez no le hubiese creído, pero ahora que escribir es mi mayor placer, me he dado cuenta de lo importante que es que lean mis libros. John Ruskin dijo: "Un buen libro no solo se escribe para multiplicar y transmitir la voz, sino también para perpetuarla".

Eso me da la posibilidad de permanecer en el tiempo, porque un día he de partir de esta tierra, pero mis libros se seguirán leyendo, y serán mi voz, mi alma y mi espíritu perpetuados en el tiempo. El secreto es seguir siempre adelante hasta alcanzar el cumplimiento de tus sueños.

Cada vez que necesites algo corre al corazón de Dios, porque mientras te mantienes firme el Señor viene en tu ayuda. Dios siempre es bueno.

> *Pero yo siempre estoy contigo, pues tú sostienes mi mano derecha. Seguirás guiándome toda mi vida con tu sabiduría y consejo; y después me recibirás en la gloria. (Salmo 73:23-24, NBV)*

En momentos de dificultad y sufrimiento, por naturaleza tendemos a pensar que Dios nos abandonó. ¿Qué sería de nuestras vidas si el Señor no estuviera con nosotros? El solo hecho de pensarlo nos debería dar temor y la decisión de buscar su cercanía, de estar siempre en Su Presencia. Justamente Su bondad se manifiesta cuando nos acercamos confiadamente y creemos que nos sacará en victoria en cualquier situación. Él anhela guiarnos y conducirnos hacia la gloria porque si tenemos a Cristo, lo tenemos todo.

Me gusta este versículo: *"Dios es nuestro refugio y nuestra fuerza; siempre está dispuesto a ayudar en tiempos de dificultad"*. (Salmos 46:1, NTV) Él es bueno siempre.

LO QUE DIOS YA ESTABLECIÓ PARA TI NO HAY NADIE QUE LO PUEDA REBATIR.

No importa cuánto te difamen, ni las palabras negativas en tu contra, lo que Dios ya estableció para ti no hay nadie que lo pueda rebatir. Él es inmutable, sus palabras y su carácter tienen valor y permanecen en el tiempo, son irrevocables. Extraordinario.

REFLEXIONA Y ESCRIBE...

Afirma lo que has recibido de Dios que Él tiene para ti.

_____
_____
_____
_____
_____

¿Qué haces para mantenerte confiada ante Dios en medio de cualquier batalla?

_____

_____

_____

_____

_____

Somos bellas por lo que refleja nuestro corazón, el cual tiene a Cristo como identidad; y lo hermoso que Él refleja.

CAPÍTULO 22
ADORNADA CON BELLEZA Y GRACIA

"Somos bellas por lo que refleja nuestro corazón, el cual tiene a Cristo como identidad; y lo hermoso que Él refleja".

Para poder hablarte de la belleza primeramente tengo que enseñarte lo que es la gracia.

La gracia te transforma en valiosa.

La belleza va siempre acompañada de la gracia, porque todas las mujeres deseamos vernos bonitas; lucir lo mejor posible para lo cual compramos ropa, accesorios, maquillajes, y cremas para lucir siempre jóvenes. Es natural que a las mujeres nos guste la belleza. Dios nos hizo así. Si eres el centro de atención por lo que te elogian y se detienen a mirarte, quiere decir que hay algo más en ti, y se llama gracia.

La definición de gracia en el diccionario Strong proviene de la raíz "chen" y significa: favor, merced, agradecimiento, bondad, hermosura, afabilidad, encanto, atractivo, amabilidad, afecto. La raíz "chana" significa: «actuación amable o misericordiosa hacia alguien; tener compasión o inclinarse favorablemente hacia algo o alguien».

La gracia pone belleza y brillo sobre una mujer. Dice un párrafo de Proverbios 4:9: *"Adorno de gracia dará a tu cabeza; corona de hermosura te entregará".*

Te pregunto ahora: ¿Qué es ser bella para ti? ¿Realmente te sientes hermosa? Esto fue lo que escribió mi hija Damaris cuando se lo pregunté.

"Para mí ser bella es ser única, tener cualidades no comunes, sino extraordinarias y excelentes. Usualmente nos llama la atención la belleza de una persona por su unicidad, en su forma de ser, vestir y hablar. Ser bella es ser amable, ser segura, tener salud física. Para mí hacer estas cosas por mí misma me hacen sentir realmente hermosa y así poder dar la mejor versión de mí a los que están a mi alrededor para que cuando me describan puedan decir que no solo soy bella por mis cualidades físicas, sino que desde el centro en mi corazón y forma de ser, soy una persona hermosa".

Desde ya me sentí muy feliz y orgullosa de mi hija mayor, una mujer completa en todos los aspectos y que es una bendición en nuestras vidas. La Biblia dice:

Procuren más bien la belleza pura, la que viene de lo íntimo del corazón y que consiste en un espíritu afectuoso y tranquilo. Esta es la que tiene valor delante de Dios. (1 Pedro 3:4, NBV)

Otra versión dice *"afable y apacible"* (RVR 1960).

¡Esa es la belleza que realmente importa! ¡La que sale de nuestro interior! ¡Desde lo profundo de nuestro corazón! ¡Esa es la belleza que es preciosa para Dios y que permanece! ¿Soy realmente bella por dentro? ¿Los demás me buscan o me halagan por mi físico, o por el buen corazón que tengo y mi actitud como hija de Dios?

¡ESA ES LA BELLEZA QUE REALMENTE IMPORTA! ¡LA QUE SALE DE NUESTRO INTERIOR!

Somos bellas por lo que refleja nuestro corazón, el cual tiene a Cristo como identidad; y lo hermoso que Él refleja.

Leí que cuando ves a una anciana que es sabia, encantadora, agradecida, amable y llena del Espíritu de Dios, estás viendo un carácter que seguramente se ha formado a lo largo de muchos años. ¡Es la belleza que realmente perdurará y nos hará mujeres felices!

REFLEXIONA Y ESCRIBE...

Define tu concepto de tu propia belleza.

_____
_____
_____
_____
_____

¿Eres consciente de tu belleza interior, o solo te preocupa tu belleza exterior?

_____
_____
_____
_____
_____

CAPÍTULO 23
MUJER TOLERANTE

"Eres una mujer tolerante cuando cooperas con Dios y con su poder y permites ser transformada".

Cuando nos enfrentamos a las diferentes etapas de nuestras vidas pasaremos por circunstancias donde seremos probadas en nuestra integridad. Buscando la definición de esta palabra encontré que es la pureza original y sin contacto o contaminación con un mal o un daño, ya sea físico o moral. ¿Y qué de lo espiritual?

Fuimos creados por Dios para ser los portadores físicos de Su Espíritu en la tierra. ¿Cuándo uno puede comprobar que el Espíritu Santo es real en una persona? Cuando se permite cooperar con el Señor y con su poder para ser transformada a través de las diferentes formas en que Dios le habla. Es allí cuando te conviertes en una mujer tolerante. Dijo Jesús:

Así que en todo traten ustedes a los demás tal y como quieren que ellos los traten a

133

ustedes… (Mateo 7:12, NVI)

Nuestra relación con los demás lo determina nuestra actitud, la cual nos llevará a tratar a los que nos rodean como queremos que nos traten a nosotros. Es una Regla de Oro.

Alta tolerancia es una actitud muy difícil en algunas circunstancias porque siempre aflorará nuestro carácter. Por ello, debemos recordar en esos momentos las promesas bíblicas. Justamente es la Palabra de Dios la que trae la revelación, calma las emociones, llena la mente y nos guía por sendas de justicia. Un precioso salmo dice:

> *Me infunde nuevas fuerzas. Me guía por sendas de justicia, por amor a su nombre"*
> *(Salmo 23:3, NBV)*

Hoy a través de esta enseñanza es mi deseo que recibas nuevas fuerzas para hacer esos cambios que ya es tiempo de hacer en tu vida.

¡Cuántas mujeres viven presas, presas de sus sentimientos, presas de sus propios errores y miedos por no saber ser tolerantes con lo que les ocurre en la vida! Ser flexibles es aceptar la diversidad y las diferencias sin querer imponer tus propias opiniones, porque al fin y al cabo es una lucha incansable. Alguien te toca el botón y reaccionas. Porque todavía no has cortado tu cordón umbilical con el pasado. Me gusta decir que algunas fotos que te traen malos recuerdos debes tirarlas. ¿Para qué seguir mirándolas una y otra vez si no te ayudan en tu diario caminar?

Uno de los componentes de la tolerancia es también poner límites, porque tú puedes soportar algunas situaciones por el motivo que sea, pero no permitir la violencia o el maltrato. Puedes leer más sobre este tema en mi segundo libro titulado: "La mayor frustración de la mujer: no entender al hombre," donde me explayo sobre el tema del maltrato del hombre hacia la mujer.

UNO DE LOS COMPONENTES DE LA TOLERANCIA ES TAMBIÉN PONER LÍMITES.

Cuando tú estás llena de Dios, la gente lo sabe, el diablo lo sabe, pero lo mejor de todo es que las bendiciones te van a perseguir todos los días de tu vida. Eso está decretado en las Santas Escrituras. Los cambios más perdurables y eternos son los que vienen de afirmarse en las promesas de Dios. Créelo.

REFLEXIONA Y ESCRIBE...

¿Has visto en bendiciones el resultado de ser tolerante?

_____
_____
_____
_____
_____

135

Define qué es tolerancia en ti y cómo has aprendido a practicarla.

_____

_____

_____

_____

_____

CAPÍTULO 24
MUJER APASIONADA

"Todo aquello que logramos ayer lo estamos disfrutando hoy. Porque lo hicimos con pasión."

Toda mujer debe encontrar dentro de sí lo que es su pasión. Una persona sin pasión es una persona pasiva, y una persona pasiva carece de actitud. Vive castigándose por cada error. Ser apasionada es accionarte constantemente en la vida para lograr objetivos. Todo aquello que logramos ayer lo estamos disfrutando hoy porque lo hicimos con pasión.

SER APASIONADA ES ACCIONARTE CONSTANTEMENTE EN LA VIDA PARA LOGRAR OBJETIVOS.

Comenzó con un pensamiento porque lo que viene a nuestra mente sucederá en su tiempo, siempre y cuando lo desarrolles, pero debes asumir responsabilidad por tu propia vida y encaminar tu pasión preparando todo en detalle, como lo hacen los exitosos.

Es maravilloso que después de algún tiempo, nos damos cuenta de que Dios siempre ha estado con nosotros y nos ha beneficiado para que todo llegue a feliz término.

Lee con detenimiento Crónicas 28:20 (NBV):

> *Sé enérgico (enérgica para las mujeres) y valiente y pon manos a la obra — añadió—. No te amedrentes por lo grande de la tarea, porque el Señor mi Dios está contigo, y no te abandonará, y él hará que cada detalle sea llevado a feliz término.*

¡Qué hermoso es saber que el Señor no te abandonará y estará siempre contigo! Es una promesa muy agradable para estos tiempos. Como toda promesa, tiene tres condiciones:

1- Obrar con energía y vigor.

2- Actuar con valor y determinación ante situaciones difíciles o arriesgadas.

3- No permitirte sentir miedo o temor.

Entonces, solo entonces, podrás comprender que el Señor está contigo, podrás disfrutar de su compañía, además de ver y experimentar que todo llegará a feliz término gracias a Él. Debes pensar en el fin de aquello que quieras lograr, sin medir el precio porque lo haces con pasión.

¿Cuántas veces hemos tenido que tomar decisiones que marcan un antes y un después en nuestra vida? ¡Muchas veces! Lo hermoso es que después de algún tiempo, nos damos cuenta de que Dios siempre ha estado con nosotros y nos ha beneficiado para que todo llegue a feliz término. La Biblia dice que "Aquel que comenzó la buena obra en ti, la perfeccionará hasta el fin" (Filipenses 1:6, parafraseado). Si la obra que Dios comenzó en nosotros es buena es porque sus propósitos son eternos y Él es perfecto.

Hay circunstancias en nuestras vidas donde precisamos de una respuesta de Dios con urgencia. Entonces, oramos y en ocasiones clamamos por una contestación que parece que nunca llega. El Apóstol Pablo dice la Biblia que oró tres veces al Señor para que le quitara un "aguijón en la carne" que le producía sufrimiento, pero la respuesta que recibió fue: *"Bástate mi gracia, porque mi poder se perfecciona en la debilidad"* (2 Corintios 12:9).

¿Él oró una cuarta vez? No. El Señor en su respuesta le dio una promesa, por lo que dio gloria y confió en lo que había recibido como algo definitivo. Si de alguna manera Dios ya te ha hablado, lo que te corresponde a ti es confiar, de lo contrario, ¿dónde está tu fe?

Lo que ocurre es que seguir orando sobre algo cuando Dios ya dijo su

DECLARO SOBRE TU VIDA QUE LOS DÍAS MÁS PRODUCTIVOS Y FELICES COMIENZAN HOY.

posición, es duda. Lo que nosotros siempre debemos mantener en alto es nuestra fe, y marchar hacia adelante. Adelante, no retrocedas, porque el verdadero Dios está contigo.

Declaro sobre tu vida que los días más productivos y felices comienzan hoy. Pero… ¡vive con pasión!

REFLEXIONA Y ESCRIBE…

¿Cuál es tu mayor pasión?

_____

_____

_____

_____

_____

Para vivir el fruto de tu pasión, ¿cuál de las condiciones mencionadas has cumplido?

_____

_____

_____

_____

CAPÍTULO 25
PENSAMIENTOS PRECIOSOS EN UNA MUJER HERMOSA

"Aprende a recompensarte. Es el mejor regalo que puedes darte en estos tiempos difíciles."

Ser entendidas del obrar de Dios y percibir las cosas espirituales harán que comprendamos el porqué de lo que nos ocurre en la vida. Si no estás conectada al Espíritu Santo te será muy difícil vivir en los tiempos venideros porque vendrán a tu mente siempre pensamientos recurrentes y obsesivos que tratarán de frenarte en tu camino.

¿No comprenden todavía? ¿Aún no saben que el Dios eterno, el Creador de los sitios más lejanos de la tierra, ¿jamás se

fatiga ni desmaya? Nadie puede sondear las profundidades de su entendimiento. (Isaías 40:28,NBV)

A MAYOR CONEXIÓN CON EL ESPÍRITU DEL SEÑOR, MAYOR CONOCIMIENTO Y REVELACIÓN VENDRÁN A NUESTRAS VIDAS.

Es el insondable conocimiento de Dios que te enseñará todas las cosas, a través de Su Santa Palabra. Es el poder de Dios el que estará obrando más que nunca en estos tiempos. Por ello, a mayor conexión con el Espíritu del Señor, mayor conocimiento y revelación vendrán a nuestras vidas. Y es la oración la que desbloquea todo lo que esté detenido en tu vida; es la llave que abre las puertas a la intervención divina.

Recuerda: Dios siempre quiere implantar pensamientos preciosos en nuestra mente porque ello satisface nuestra alma.

¿Por qué estoy desanimado? ¿Por qué está tan triste mi corazón? ¡Pondré mi esperanza en Dios! Nuevamente lo alabaré, ¡mi Salvador y mi Dios! Pero cada día el Señor derrama su amor inagotable sobre mí, y todas las noches entono sus cánticos y oro a Dios, quien me da vida. (Salmos 42:5, 8, NTV)

Siempre que pasamos por algún proceso difícil nuestros sentimientos se abaten. Pero este maravilloso poema bíblico hace que la mirada del alma del salmista se desvíe de su dolor y se dirija hacia el rostro de Dios, quien obra en la experiencia del sufrimiento.

Es inevitable que la angustia batalle contra la fe, pero es en la profundidad del sufrimiento donde el Espíritu Santo le habla al alma abatida. Es la senda de la alabanza y la oración expresada hacia Dios la que nos permite encontrar nuevas y frescas misericordias cada día. Allí es donde nuestro amado Señor satisface nuestra alma, y su presencia se hace presente. Porque siempre Dios nos oye.

Confiamos en Dios, pues sabemos que él nos oye, si le pedimos algo que a él le agrada. Y así como sabemos que él oye nuestras oraciones, también sabemos que ya nos ha dado lo que le hemos pedido. (1 Juan 5:14-15, TLA).

Es importante saber que Dios siempre nos está escuchando, y está atento a todas nuestras necesidades. ¿Cómo estamos seguros de que Dios nos oye en todo lo que le pedimos? La realidad es que como dice este versículo, debes pedir conforme a lo que a Él le agrada, porque es la fe y las promesas que ya nos dio las que nos sostendrán mientras clamamos por una solución.

Él anhela mostrarnos su amor eterno y compasivo, y guiarnos hacia el camino correcto que debemos tomar porque la oración no debe ser algo a lo que debemos recurrir cuando estamos con problemas. Debe sino una necesidad vital del día a día. Charles Spurgeon, el gran predicador, decía algo que me gustó mucho y quiero compartirlo: "Nunca oro más de cinco minutos, pero nunca paso más de cinco minutos sin orar". Tremendo. Tómalo en cuenta.

El siguiente párrafo que quiero compartir lo escribí en mi segundo libro titulado: "La mayor frustración de la mujer: no entender al hombre":

"La mujer que triunfa es la que tiene una vida espiritual. A medida que te acerques más a Dios comprenderás la idiosincrasia de ese hombre que no puedes con él. Aun estando en niveles espirituales diferentes, el Señor bendecirá tu matrimonio porque recurres a la oración y la comunión íntima con Él".

Debes tener una actitud abierta y no legalista. Por eso la Biblia dice:

> *Y no vivan ya como vive todo el mundo. Al contrario, cambien de manera de ser y de pensar. Así podrán saber qué es lo que Dios quiere, es decir, todo lo que es bueno, agradable y perfecto (Romanos 12:2 TLA).*

Debes tener una manera de pensar diferente. Ser igual que todo el mundo es un engaño y un vacío muy grande porque no experimentas la verdadera seguridad, la confianza en tus relaciones, tanto marital como con el resto de las personas. Construye tu vida sobre un terreno estable, desde la ternura, la fidelidad a Dios y la generosidad hacia los demás.

En este mismo momento pídele al Señor que te dé pensamientos preciosos para poder disfrutar la vida que Él te ha entregado, y celebrar tu progreso. Aprende a recompensarte. Es el mejor regalo que puedes darte en estos tiempos difíciles.

HAY PROMESAS QUE DIOS TODAVÍA QUIERE CUMPLIR EN TU VIDA.

Celebra. Celebra. Hay promesas que Dios todavía quiere cumplir en tu vida. ¿Las recuerdas? Y sigue con el mismo entusiasmo hasta el fin.

REFLEXIONA Y ESCRIBE...

Examina a consciencia tu conexión con el Espíritu del Señor. Descríbela.

_____
_____
_____
_____
_____

Cuando te das cuenta de que te desconectaste, ¿cómo te sientes?

_____
_____
_____
_____
_____

La obediencia se
aprende no solo
por la cantidad de
sufrimiento que
hayamos padecido,
sino porque a pesar
de ello seguimos
caminando.

CAPÍTULO 26
APRENDE OBEDIENCIA

"La obediencia se aprende no solo por la cantidad de sufrimiento que hayamos padecido, sino porque a pesar de ello seguimos caminando."

Es asombroso ver cómo la vida de nuestro amado Salvador Jesucristo de Nazaret nos enseña a nosotros la verdadera obediencia. Así como la rebelión entró en el mundo a través de Adán, se necesitaba de un ser superior que estableciera la verdadera vida de Dios en nosotros.

¡Aun Jesús, siendo Hijo de Dios, tuvo que aprender por medio del sufrimiento lo que es la obediencia!" Y habiendo sido perfeccionado de esa manera, llegó a ser el autor de la salvación eterna de todos los que lo obedecen. (Hebreos 5:8-,9 NBV).

Jesucristo, quien era Dios mismo, vino a la tierra, pero la

Palabra de Dios dice que se identificó, se hizo hombre, y no trajo la obediencia a la tierra, sino que Él aprendió a obedecer, y lo hizo a través del sufrimiento. Dice la Biblia Plenitud en la explicación de este versículo:

> *Jesús fue perfeccionado, no en un sentido moral, debido a que siempre poseyó ese tipo de perfección, sino en el sentido de ser preparado como autor de eterna salvación. (Hebreos 5:9, Biblia Plenitud)*

Una de las cosas que ocurren cuando alguien está sufriendo es que no tiene control, sino que las mismas circunstancias terminan abrumando y devastando su vida. La persona puede mirar su situación con un lente color rosa, pero en el fondo sabe que hay algo que le hace sufrir.

¡Qué maravilloso y poderoso ejemplo es para nosotras, las mujeres, ser perfeccionadas a través del sufrimiento, el cual no debe ser despreciado porque produce a la larga un "eterno peso de gloria"! El ejemplo de Cristo nos lleva a distinguir a alguien con fortaleza, con una capacidad dada por Dios para sufrir maltrato, pero aun así no ejercer venganza.

El Apóstol Pablo en Filipenses 4:12 hizo una de las declaraciones más sorprendentes que se encuentran en las Sagradas Escrituras: *"He aprendido el secreto de estar contento en cualquier situación ..."*

Su avance en medio de las aflicciones y dificultades que tuvo que atravesar se debieron a su estrecha relación con

Jesucristo, porque luego unos versículos más adelante proclamaron: *"Todo lo puedo en Cristo que me fortalece".* (Filipenses 4:13)

Allí radicaba su esperanza, en su confianza y fe de que si tenía abundancia glorificaba a Dios, y lo mismo si tenía escasez. Su todo estaba en Cristo.

Algunas veces los problemas son para producir en nosotras firmeza de carácter que luego redundará en un compromiso real con nuestra espiritualidad. Todo aquello que no haya sido redimido en nuestras vidas producirá incomodidad. En algunas ocasiones lo que Dios nos hable no nos gustará, pero algún beneficio traerá.

Nunca te quejes de lo que permites en tu vida. Es que "cuesta tanto obedecer…" ¿Verdad?

Ante lo inmodificable, cambio yo, acepto lo que pasa y no me involucro en el dolor ajeno; esto es muy poderoso. No hago un juicio de todo. No trato de tener siempre la razón, sino de ser equilibrada en todo. Vivo perdonando, porque de esa manera logro que esa situación no maneje mi vida. Entiendo que cada día debo rediseñarme al modelo bíblico, y dedico tiempo a estudiar las Escrituras que ellas salvarán mi alma. Y las obedezco.

> *Pongan en práctica la palabra y no se limiten a sólo escucharla pues de otra manera se engañan ustedes mismos. El que escucha la palabra, pero no la pone en práctica es como el que mira su cara en un espejo y, en cuanto se va, se olvida*

*de cómo era. Pero el que pone su atención
en la ley perfecta que da libertad, y sigue
en ella sin olvidar lo que ha oído y hace lo
que ella dice, será dichoso en lo que hace.
(Santiago 1:22-25,NBV).*

Parte de obedecer la Palabra de Dios es experimentar una transformación tal que se convierta en ministerio; que mi espejo en el cual me reflejo sea Jesucristo mismo.

Siempre habrá en cada corazón una semilla de rebeldía. Porque dice la Biblia que la carne se opone al Espíritu. La versión Amplificada en inglés dice:

*Porque los deseos de la carne se oponen al
Espíritu [Santo], y los [deseos del] Espíritu
se oponen a la carne (naturaleza humana
sin Dios); porque estos son antagónicos
entre sí [continuamente resistiendo y en
conflicto el uno con el otro], de modo que
no eres libre, sino que se te impide hacer lo
que deseas hacer. (Gálatas 5:17 AMPC).*

Justamente conocer las promesas bíblicas nos llevarán a actuar, a obedecerlas.

Nosotras seremos útiles para el Señor cuando comprendamos que no lo haremos solamente por la cantidad de sufrimiento que hayamos padecido, sino porque a pesar de ello seguimos adelante caminando en la senda que Dios ya predestinó para nuestras vidas.

Solo así seremos útiles porque hemos aprendido a obedecerle a toda costa.

REFLEXIONA Y ESCRIBE...

Obedecer a Dios es clave para estar en Él. Examínate y, pensando en situaciones cuando has recibido sus instrucciones, escribe cuán fácil o difícil se te ha hecho distinguir si las instrucciones vienen de Él.

_____

_____

_____

_____

_____

Cuando has percibido que son sus instrucciones, ¿cuáles han sido las consecuencias de haberlo desobedecido u obedecido?

_____

_____

_____

_____

_____

Para restaurar una
relación deberás
hacer algunos
ajustes internos.

CAPÍTULO 27
PONTE DE ACUERDO CON TU ADVERSARIO

"Para restaurar una relación deberás hacer algunos ajustes internos."

Todos aquellos que te conocen tienen información de tu pasado. Por lo general, también saben de tus debilidades y desaciertos. Eso los aleja o los acerca a ti, por ello, soltar el pasado es un desafío que requiere valentía y determinación. Tu libertad espiritual y emocional llega cuando dejas ir situaciones y rencores que impiden la pureza de tu influencia como líder e hija de Dios.

Hay una violencia psicológica que ejercen las personas más cercanas a uno. Aquellos que, en algún momento de tu vida, llámese padres, entorno social o pareja provocaron este tipo de conducta en ti, lo hicieron por dificultades adquiridas a lo largo de su vida. Son los que repiten el mismo patrón de víctima con otras personas y en el transcurso de los años dejan una huella muy profunda que se convierte en un trauma.

Sin embargo, hay una connotación espiritual que se desarrolla cuando una persona se obsesiona con otra y quiere que haga sus propios deseos.

Lo que voy a contar es un testimonio que espero ayude a todas aquellas mujeres que lo lean.

Durante nueve meses, Olivia dejó de tener contacto telefónico con su madre debido a una actitud incorrecta de su parte hacia ella y hacia su esposo. Para ella no era difícil hacerlo porque veinte años atrás tuvo que cortar todo lazo con ella y con los familiares de su país de origen, debido a que siempre proferían palabras negativas hacia ella y hacia todo emprendimiento que comenzaba con su esposo.

De más está decir que durante todo ese período que no tuvo relación con ellos, sus familiares, fue el tiempo que más avanzó y prosperó. Pero, en cierta ocasión, le venía a su mente un pasaje bíblico que en reiteradas oportunidades regresaba una y otra vez: *"Ponte de acuerdo con tu adversario…"* (Mateo 5:25, RVR 1960)

Dios le estaba hablando de dejar el enojo, el rencor y la ira para procurar la paz con su mamá y comprender por qué Jesucristo pronunció esas palabras. Ella debía entender con exactitud cuáles eran las verdaderas intenciones y la motivación del corazón para dejar de lado viejas discusiones y proceder a la reconciliación. Tenía que realizar un ajuste interno con ella misma para proceder a restaurar su relación y confiar en que el Señor la estaba guiando a dar ese paso.

Siempre es bueno crear un espacio donde se pueda llegar a establecer una forma de dejar un hábito, como, por ejemplo, la falta de perdón, la amargura y el enojo.

Lo maravilloso es que una vez que lo hizo, Olivia sintió que cerró una puerta espiritual para que el enemigo ya no la molestara, ni la atacara ni pretendiera destruirla.

Este tipo de actitudes guiadas por Dios permite que una mujer obediente sea completamente liberada, y la prepara para reposicionarse.

> **ATRÉVETE A SER TÚ MISMA PARA LLEGAR A SER TODO LO QUE PUEDAS SER Y AÚN MÁS.**

Atrévete a ser tú misma para llegar a ser todo lo que puedas ser y aún más.

Dios es fiel, pero también es justo.

Si confesamos nuestros pecados, Dios, que es fiel y justo, nos los perdonará y nos limpiará de toda maldad. (1 Juan 1:9, NVI).

Al darme el Señor este pasaje bíblico, me sorprendí al interpretar que Dios es fiel, pero que también es justo.

La justicia es algo que uno no puede alcanzar por sus propios medios. Por ello es por lo que ponerte de acuerdo con tu adversario te califica para que Dios sea quien haga justicia.

Saber que Dios es un Dios justo me dice a mí que es alguien inmutable. Dios no cambia ni está sujeto o le afecta el cambio de los tiempos. Por los siglos de los siglos su justicia permanece para siempre.

Sus planes son eternos y estar unidos a Él nos permite sentir un alivio muy grande por todas aquellas cosas que nos ocurren y salen de nuestro control, como, por ejemplo, el estar enemistada con alguien.

Dios se ajusta a sus propias reglas: mira la cruz y dice: "Consumado es." ¡Gloria a Dios!

REFLEXIONA Y ESCRIBE...

Escribe sobre relaciones tuyas que estén rotas o distantes o por qué.

_____
_____
_____
_____
_____

¿Has hecho algo por sanarlas en tu interior o directamente con las personas involucradas? ¿Por qué?

_____
_____
_____
_____
_____

Después de leer este capítulo, escribe lo que vas a hacer por resolverlas y soltarlas.

_____

_____

_____

_____

_____

Cuando Dios considera a una persona justa es porque la libera de su condena, es decir, es absuelta de su pecado, es justificada por su fe.

CAPÍTULO 28
MUJER DETERMINADA

"Cuando Dios considera a una persona justa es porque la libera de su condena, es decir, es absuelta de su pecado, es justificada por su fe".

Esta es una insólita historia que está en la Biblia, la Palabra de Dios, que nos inspira como mujeres a creer que hay un poder tremendo en el obrar divino. Siendo que a la mayoría de las mujeres se les juzga por su apariencia, vemos aquí que verdaderamente el Señor desde los cielos utiliza a quien Él quiere.

En la ciudad de Jericó habitaba Rahab, una mujer que era prostituta y no era valorada desde ya por lo que hacía, pero en esa ciudad cananea, una ciudad pagana, esta antigua costumbre era algo común. Ella tenía conocimiento del pueblo de Israel, y dentro de los muros de Jericó, una ciudad amurallada, se hablaba constantemente de cómo los judíos habían derrotado a otros pueblos vecinos.

Al encontrarse con los dos espías enviados por Josué para reconocer la ciudad, ella los esconde en su casa, porque sabía que venían de parte de Dios, y los libra de ser ejecutados por el rey, "porque Dios es el que produce en ustedes lo mismo el querer como el hacer, por su buena voluntad" (ver Filipenses 2:13 RVC), y aquí vemos a Dios obrando. Se le puede denominar una salvadora de estos dos hombres enviados por Dios.

Si bien era catalogada como alguien de lo más bajo de la sociedad, es asombroso que su accionar se cuente como alguien que se jugó su propia vida, y se comportó valientemente.

Dice Santiago 2:25:

> De la misma manera, ¿no fue declarada justa por sus obras Rahab la prostituta después de recibir hospitalariamente a los mensajeros y de enviarlos por otro camino?

LA FE ES ALGO ESPIRITUAL, PERO ES PRÁCTICA. VA ACOMPAÑADA DE OBRAS.

Cuando Dios considera a una persona justa es porque la libera de su condena, es decir, es absuelta de su pecado, es justificada por su fe. Ella fue tan justificada como lo fue Abraham, a pesar de la diferente escala social entre ambos. Ella fue aceptada por Dios.

La fe es algo espiritual, pero es práctica. Va acompañada de obras.

Y aquí tenemos un ejemplo de una mujer que fue fuerte, valiente y obro en consecuencia. Rahab tuvo discernimiento en reconocer al Dios poderoso de los ejércitos de Israel. Si leemos el pasaje de Josué 2:11 (NBV), ella manifestó:

> … *Nadie ha quedado con ánimo de pelear*
> *contra ustedes después de oír estas cosas,*
> *porque su Dios es el Dios supremo del cielo;*
> *no un dios ordinario.*

También descubriremos que ella actuó con un poder muy grande de convencimiento al decirle a los guardias que los dos espías no estaban en su casa. Fue honesta porque en realidad ambos estaban en la parte que correspondía al muro. Dice la Biblia:

> *Rahab, la prostituta, confió en Dios y trató*
> *bien a los espías de Israel. Por eso no murió*
> *junto con los que habían desobedecido a*
> *Dios en Jericó. (Hebreos 11:31, TLA)*

Ella tuvo la capacidad de proteger a los espías de Israel y fue inteligente al pedirles a ellos que cuando fueran a conquistar Jericó no se olvidaran de ella y su familia, incluyendo hermanas y hermanos.

> *De esta manera Josué salvó a Rahab la*
> *prostituta y a los familiares que estaban*
> *con ella en su casa. Todavía viven entre los*
> *israelitas porque ella escondió a los espías*
> *que Josué envió a Jericó. (Josué 6:25,*
> *NBV)*

¿Cómo Dios no iba a salvar a Rahab si iba a ser la tatarabuela del rey David?

Aquí es donde se demuestra que una mujer puede ser un camino para una descendencia poderosa. Además, de la genealogía del rey David desciende el hijo de Dios: Jesucristo de Nazaret. Tremendo como es el obrar del Señor.

Rahab era alguien que quería una nueva oportunidad, un cambio de vida, alguien que tuvo compasión, algo que no era muy acostumbrado en esa época. Su proceder la llevó a vivir en un nuevo país, tal vez como ocurre a quienes Dios nos da la oportunidad de ser inmigrantes en la tierra donde fluye leche y miel y ser prosperados.

No solo ella fue prosperada, sino sus familiares, y encontró paz en su vida, casándose luego con Salmón, uno de los dos espías que hospedó en su casa.

Rahab fue la madre de Booz, a quien la Biblia menciona como el esposo que redimió a Rut, la moabita, a quien trató con amabilidad y respeto. Como esposo es un ejemplo de alguien que cuidó del honor y buen nombre de su mujer. Además, era rico. Pero…era hijo de una ramera; y es que Dios es así…Él usa a quien Él quiere.

En Job 22:28 dice:

> *Determinarás asimismo una cosa, y te será firme, y sobre tus caminos resplandecerá luz.*

Me gusta mucho este pasaje bíblico porque nos enseña la capacidad que tenemos de decidir, porque ser determinante es muy válido para el liderazgo, nos sirve para bien. Nos permite estar enfocadas, tener nuestra mente concentrada en aquello que es nuestra pasión. Te hace una mujer invencible, porque las desilusiones y los fracasos muchas veces nos fortalecen, sin permitir que seamos intimidadas ni limitadas. Poderoso.

REFLEXIONA Y ESCRIBE...

Recuerda las ocasiones cuando has sido determinada a poner por obras tu fe, y escríbelas.

_____

_____

_____

_____

_____

¿Cuánta fuerza te han dado esas decisiones valientes para poner por obra tu fe en otras cosas?

_____

_____

_____

_____

Lo que ayuda a una mujer a ser asombrosa es 'amar bien', siendo esto el principio de la verdadera espiritualidad.

CAPÍTULO 29
TÚ ERES ASOMBROSA

"Lo que ayuda a una mujer a ser asombrosa es 'amar bien', siendo esto el principio de la verdadera espiritualidad".

La ternura y la bondad que proceden del corazón de una mujer se ven reflejadas definitivamente en aquellos con quienes ella entra en contacto.

Intencionalmente buscar tener una conexión espiritual con Dios para estar con Él más de una vez al día, me llevó a tener su presencia de una manera tan real y palpable que era imposible que otros no lo notaran.

Siempre guardo en mi libro de notas de mi IPad todos los mensajes que me envían para mis cumpleaños. Pero en especial me llamaron la atención dos de ellos. Uno decía: "No cuentes las velitas, (obvio refiriéndose a los años...), sino cuenta cuántas vidas has tocado con tu gran corazón".

Pero el otro mensaje fue tan impactante para mí que deseo transcribirlo, y dice así:

> *"Agradezco a Dios por su vida, por su servicio apasionado a Dios y a la gente. Por guiar a su pueblo con amor, sabiduría y discernimiento. Admiro su vida espiritual porque impacta a las personas. Porque el Espíritu Santo da testimonio de usted. Porque predica con el ejemplo. Habla con valentía y con su alegría fortalece a las mujeres que la rodean. Su fe es admirable. Digna de llamarse madre espiritual. Su resiliencia será recompensada".*

PARA LAS PERSONAS RESILIENTES NO EXISTE UNA "VIDA DURA", SINO MOMENTOS DIFÍCILES.

Esta última frase me impactó tremendamente. Me dediqué a buscar el significado; me sorprendió la profundidad de esa palabra y tal vez tú, mujer, te veas identificada. El significado de resiliencia según el diccionario es "capacidad de un ser vivo de adaptación frente a un agente perturbador o un estado o situación adversos". Para las personas resilientes no existe una "vida dura", sino momentos difíciles.

¿Cómo podemos ser más resilientes?

La resiliencia no es una cualidad innata, no está impresa en nuestros genes, aunque sí puede haber una tendencia genética que puede predisponer a tener un "buen carácter". La resiliencia es algo que todos podemos desarrollar a lo largo de la vida.

Hay personas que son resilientes porque han tenido en sus padres o en alguien cercano un modelo de resiliencia a seguir, mientras que otras han encontrado el camino por sí solas. Esto nos indica que todos podemos ser resilientes, siempre y cuando cambiemos algunos de nuestros hábitos y creencias.

De hecho, las personas resilientes no nacen, se hacen, lo cual significa que han tenido que luchar contra situaciones adversas o que han probado varias veces el sabor del fracaso y no se han dado por vencidas. Al encontrarse al borde del abismo, han dado lo mejor de sí y han desarrollado las habilidades necesarias para enfrentarse a los diferentes retos de la vida. Es una manera diferente y más optimista de ver el mundo. Estas personas sorprenden por su buen humor y nos hacen preguntar cómo pueden afrontar la vida con una sonrisa en los labios".[11]

Creo realmente que el centro mismo de nuestra misión es tener la misma capacidad que tuvo Jesús de conectarse con la gente. Se dice que Él fue el "maestro de las emociones".

Hoy en día se habla tanto de la inteligencia emocional que me gustó mucho un pasaje de un libro que estoy leyendo, "¿Qué tiene que ver Dios con mis emociones?":

---

11 Consulta en línea: https://www.elpradopsicologos.es/

"Esto nos muestra que Jesús contaba con la asombrosa capacidad emocional de poseer un código intencionado para reaccionar. Él había decidido previamente cómo iba a reaccionar frente a la crítica (cf. Juan 6:41-44), la burla (cf. Mateo 27:28- 28:3) y la vergüenza (cf. Hebreos 12:2). Eso, mis queridos amigos, es inteligencia emocional en su máxima expresión".[12]

- Quiero dejar establecido que lo que ayuda a una mujer a ser asombrosa es…

- "Amar bien", siendo este el principio de la verdadera espiritualidad

- Tomarlo cada día como una "regla de vida"

- Ser equilibrada aun procurando intencionalmente los momentos de silencio para pasar tiempo contigo misma.

- Vivir con la sensación de que la presencia de Dios te lleva a escuchar su voz, que te guía a sorprenderte por cada detalle pequeño. Dios es muy detallista.

12 ¿Qué tiene que ver Dios con mis emociones?: El arte de vivir y sentir mis emociones sin ser gobernado por ellas", por Daniel Retana. Scribd.

- Y someter todo a la voluntad de Dios para nosotras que es buena, agradable y perfecta.

Ponlo en práctica, porque tú eres asombrosa.

REFLEXIONA Y ESCRIBE...

Ahora que cobraste consciencia de quién eres en Dios, describe las cualidades que te hacen asombrosa.

_____

_____

_____

_____

_____

Aquí terminamos todas las características que hacen de ti una mujer de influencia. Enumera las que encontraste en ti. Si aun careces de alguna, escribe una lista y al lado, prepara un plan de acción para desarrollarlas en ti.

_____

_____

_____

_____

_____

EPÍLOGO

MUJER, LÍDER INFLUYENTE
Un resumen de lo que eres y debes ser

UNA MUJER POSITIVA: Una mujer dadora, que ve lecciones en su vida en todo lo que le ocurre.

ERES UNA LÍDER: DEBES SER UN EJEMPLO PARA SEGUIR: Una mujer que inspira a otros; que trae equilibrio donde se encuentra.

TE SIENTES PODEROSA: Tiene capacidad para tomar decisiones. Todas las miradas se posan en ella.

FUNCIONAS DESDE EL AMOR: La mujer que aprende que, si funciona desde el amor, puede llegar a tener un amor sacrificial.

MUJER ENTENDIDA Y DE PRECIOSA APARIENCIA: En la historia bíblica de Abigail, vemos a una mujer de poderosa influencia.

LÍDER PARA FORMAR LÍDERES: La falta de carácter en el liderazgo del hombre hace que se levanten mujeres líderes.

TIENES LA MISIÓN DE REFLEJAR A DIOS ANTE EL MUNDO: La sumisión ejerce una poderosa influencia en el hombre y es algo que es dejado de lado, siendo que ella es ayuda y transmite amor.

MUJER: NO DEBES SOPORTAR LO QUE DIOS NO TOLERA: Vivir por la verdad de Dios y lo que Dios dice de ella es el mejor método para no dejarse engañar.

NUESTRAS ACCIONES REFLEJAN EL GRADO DE INFLUENCIA: A través de la descripción del proceso del bebé en el vientre de una madre se puede entender el grado de influencia que ella ejerce.

LOS TESTIMONIOS DE OTROS HABLAN BIEN DE TI: Es poderosa la acción de una mentora en la vida de las personas.

ENTRENA TU MENTE: La mujer fuerte es la que tiene pensamientos de paz y tiene control sobre todas las áreas de su vida.

DIFERENCIA ENTRE LO QUE SOMOS Y LO QUE HACEMOS: Las mujeres somos valiosas como hijas de Dios.

MUJERES CON RECURSOS: Tenemos desafíos, metas y éxitos en la vida.

MIRAMOS HACIA ADELANTE: La mujer sale de su esclavitud emocional y desafía el ambiente en el que vive.

VIVE SIENDO AMABLE: Tienes el relato de la Reina Ester, alguien que con su amabilidad ganó el favor del rey.

PRACTICA LA AUTODISCIPLINA: Revela el gran potencial y los dones ocultos de cada mujer.

RECONOCE TU ESFERA DE DOMINIO: Hay un destino de promoción, aunque la mujer sea rechazada o menospreciada.

EL PEOR DÍA DE TU VIDA: Debes retener los buenos momentos, pase lo que pase.

SUMISIÓN: La sumisión es una actitud. El esposo debe ser el aliado de la mujer para que apruebe lo que ella haga y la ayude a triunfar.

RECORDAR, UNA VIRTUD DE LAS MUJERES: Enfócate en afrontar nuevas experiencias conociendo otras personas.

MANTENTE FIRME EN TU TERRENO: Ten firmeza de carácter y confía en la provisión ilimitada de Dios.

ADORNADA CON BELLEZA y GRACIA: La mujer que tiene belleza física, cualidades y una identidad segura.

MUJER TOLERANTE: Es aquella que no vive presa de sus sentimientos y emociones, sino que vive por el Espíritu.

MUJER APASIONADA: Poder disfrutar de lo que logramos ayer por haberlo hecho con pasión.

PENSAMIENTOS PRECIOSOS EN UNA MUJER HERMOSA: Que la mujer aprenda a recompensarse, y viva en constante oración.

APRENDER OBEDIENCIA: Toda mujer entiende que obedecer las Escrituras la libera de toda área no redimida de su vida.

TÚ ERES ASOMBROSA: Que se revele en la vida de la mujer que hay un Señor y Salvador, nuestro amado Jesucristo, que la contempla como un ser asombroso; "la" mujer.

ACERCA DE LA AUTORA

La Dra. Adriana Calabria es una conferencista internacional para mujeres y matrimonios, ministra doctorada en Teología y Cuidado Pastoral. Comunicadora por excelencia y consejera con amplia empatía en las relaciones interpersonales, escribe libros con títulos muy inspiradores y originales. El primero es *La mayor frustración del hombre: no entender a su mujer,* el cual en muy poco tiempo tuvo un gran éxito.

Su segundo libro de la saga, *La mayor frustración de la mujer: no entender al hombre* nos trae con su carisma y simpatía un regalo para el alma de la mujer que quiere salir de la rutina y construir relaciones sanas principalmente con su esposo.

Como cada año escribe un libro el tercero fue dedicado al tema del éxito…y se recomienda su lectura, su titulo: *"Sin miedo al éxito."*

Con este cuarto libro *"Mujer fuerte, liderazgo suave"* nos llega un innovador mensaje para que cada mujer descubra realmente su grado de influencia en la profundidad de sus relaciones y persona.

La Dra. Adriana Calabria tiene un corazón de escritora con una pasión que motiva a todo aquel que lee sus libros. Muchos pastores los usan como manual de enseñanza en sus iglesias.

Sus escritos logran un concepto más igualitario del varón y la mujer, siempre respetando el orden divino.

La Dra. Adriana Calabria, junto a su esposo el Apóstol Osvaldo Díaz, tienen un matrimonio de 35 años y tres hijos. Agustín, casado con Saraí, tienen tres niños: Ethan, Liam y Evan; su segunda hija Damaris, casada con Doménico, tienen dos niñas: Arianna y Elisa; y su tercer hija Daniela, casada con Eduardo.

Todos residen en el estado de Carolina del Norte, Estados Unidos, y sirven a Dios junto con los Apóstoles Osvaldo y Adriana en el Ministerio Internacional Celebración Osvaldo Díaz Ministries, con sedes en diferentes países.

OTROS LIBROS RECOMENDADOS

El hombre necesita reafirmar su posición. La mujer necesita seguridad de ser la única.

No hay hombre que se resista a una mujer que sonríe y lo motive.

Éxito duradero es trascender de la mano de Dios.

adrianacalabria.com

Adriana Calabria

Para presentaciones, conferencias, prédicas, talleres y
compra de libros al por mayor, favor contactar:

Damaris Diaz
Teléfono: 919-229-6650

adrianacalabria.com